湘魂的摇篮

湘东古村

谭建华 著

湖南地图出版社·长沙

图书在版编目（CIP）数据

湘东古村/谭建华著. —长沙:湖南地图出版社,2022.6
（湘魂的摇篮）
ISBN 978-7-5530-1018-2

Ⅰ.①湘… Ⅱ.①谭… Ⅲ.①村落－介绍－湖南 Ⅳ.①K926.45

中国版本图书馆CIP数据核字(2022)第040845号

湘 魂 的 摇 篮　　湘 东 古 村
XIANGHUN DE YAOLAN　XIANGDONG GUCUN

作　　者：谭建华

出　　品：柏青堂

封面设计：鲜于圣哲

版式设计：谭馨

责任编辑：蒋秀芝

地图编辑：黄爱姣

出　　版：湖南地图出版社

发　　行：湖南地图出版社

地　　址：长沙市天心区芙蓉南路四段158号

邮　　编：410118

印　　刷：湖南省日大彩色印务有限公司

开　　本：787×1092　1/12

印　　张：34.75

印　　数：1—1000

字　　数：1200千

版　　次：2022年6月第1版

印　　次：2022年6月第1次

书　　号：ISBN 978-7-5530-1018-2

定　　价：298.00元

作者 谭建华 网名 古钱

中国摄影家协会会员，《中外建筑》杂志社原社长。1951年生，湖南省安仁县人。

15年间（2006—2021），足迹遍及湖南省的80多个县（市），800多个古村，记录消失与正在消失的古村格局、风物风貌、建筑特色、生命场景、历史遗存。

微信号：tjh19510217

浏阳市白沙乡　第一张拍摄湖南古村照片　哈苏503CW相机　2006年3月

自　序

乡里乡愁·湘村湘魂

——我的古村老屋情结

（一）

小时候最初的记忆是乡村老屋的记忆。出门是个小天井，过门坎是大厅屋、大天井。大厅屋分上、下厅，上厅有神龛，神龛上摆着菩萨与祖宗牌位，厅中悬挂着一块清同治年间的横匾，上有"益秀花开"四个烫金大字，字迹里透着金黄色的亮光。走下厅就出了大门，大门两边有两尊威严的石狮，下了台阶是一个大禾坪，禾坪前是个月形大塘，围着半月形村子绕着，远处就是大片的田野。村里有几十栋老屋，老屋与老屋之间有着两米左右宽的石板巷，穿过巷子又是另一巷子。

村后边是一片古枫树，不远处有一条江，江上有座石拱桥。这树、这桥、这江，是儿时最深的记忆，无数次赶着鸭、牵着牛和来去的上学放学，都要从桥上走过。夏天几乎整日里泡在江里，最刺激的莫过于与伙伴们喊着"一二三"往下跳，当一头扎进水里很长时间再冒上来时，只知道这是天底下最好玩的了。

后来，"文革"来了，是 1966 年，记不清是哪月哪日，一股风，如狂风一般吹进了乡里，一夜之间只见家家户户先是把屋里的青花瓷器一个个拿出来举过头顶，当着众人的面摔到地上，顷刻之间变得粉碎，再就是桌椅板凳和床上的雕花，或被抠被挖或被砸。最惨的是大厅屋的神龛和匾额，所有神龛统统推倒，几十块匾额全部搬到禾坪里，放上一把火，烧得精光。

从此以后，对神龛代而替之的是领袖像，很长一段时间里，老屋变得异常安静，农民整日里挣工分，日出而作，日落而息，再也看不到初一、十五的香火，看不到红白喜事时的烛光和跪拜、磕首场面，听不到"噼噼啪啪"的鞭炮声。

再后来，世道变得飞快，石板路也没了，村村通公路；老屋越来越稀少，被一栋栋水泥马赛克房子所取代，多少年世代留下的青砖黛瓦、马头翘角、天井堂屋渐渐地湮没在城镇化的现代建筑之中，没有了人住，没有了烟火，随之而来的是"空巢"，倒塌、荒芜、凋零与败落。每每回老家走走，虽然见到的只是残存的断壁、破碎的瓦砾，但童年里的老屋记忆仍然还是那么的清新，历历在目，挥之不去。

（二）

用镜头记录湖南古村落是近 15 年的事。第一张拍摄湖南古村落的照片是 2006 年 3 月，开始用的胶片哈苏 503CW 相机和大画幅相机，后来用数码佳能 5D1、5D2、5D3，用大疆无人机，尤其是 2011 年退休后的 10 年间，几乎在乡下，跋山涉水，严寒酷暑，风霜雨雪，乐此不疲。

十九年里，我跑了全省 80 多个县（区市），800 多个古村落，数不清的老宅大院，拍摄了数万张照片，将所到之处的湖南古村的地理环境、村落格局、建筑特质以及历史渊源、文化传承、风物风貌、生活场景等等，一一收在我的镜头里。之所以如此执着于拍摄湖南的古村，一是源于孩提时对老屋的情结；二是源于对老屋价值的认知；三是源于一个摄影人的社会责任。

老屋有诗意般的栖居美感，是其一。走过潇湘大地许多的村村寨寨，远远望去，那里有山有水有桥有古树，那里定会有古村或老屋，走近一看，一幅"小桥流水人家"的画面立马展现在面前，并且很自然地想起马致远《天净沙》里的诗句来。湖南的古村是很讲究风水的，风水即地相，是地脉、山水自然美景。这种美除了依山傍水的独特自然环境之外，民居的整体布局、外部造型，包括设计装饰，甚至排水系统也很有讲究。马头翘角、雕梁画栋，不仅仅渗透着厚重的民俗风情文化，而且一种美的韵律在其间。不像现在许多地方随意依路建房的民居，很难谈得上美感。

老屋有历史文化的积淀，是其二。世界上最深刻的岁月，一是雕刻在脸上，一是雕刻在建筑里。中华上下 5000 年，除了皇宫建造多用石材之外，民间大多为砖木结构，在乡村能够留存至今的那些古老民居，大多也只有一二百年，即清中晚期至民国时期。即便如此，这些建筑都渗透着厚重的湖湘历史文化与古风。老宅里的石刻、木雕，彩绘、檐画、楹联，以及家谱、匾额、神龛等等，都是历史文化遗产、传承与延续，在这里后人可以感受到"根"，寻找到它的历史渊源与先辈传承。透过斑驳锈迹，抹去一层层尘埃，你还会发现那里讲述的人世间和百姓广为流传的民间故事，是民族历史文化与湖湘文化的凸现与记录，是经过岁月的打磨，时光穿越了的传世经典。

老屋有远去的歌谣，是其三。每每踏着青石板，走进那些古村老巷，就仿佛听到老屋里传来悠深的歌声。对我们这一代甚至上几代从乡村出来的人来讲，人生最初的歌声多数是从老屋摇窝里听到的且不知传了多少代人的"摇篮曲"。母亲、奶奶夜晚在桐油灯下，一边手里做着针线活，"纳"着鞋底什么的，一只脚则踏在摇窝边上，轻轻地有节奏地摇晃着，嘴里断断续续地哼着几辈子流传下来的民谣。虽然现在这场景再也看不到了，这歌声再也听不到了，但儿时的最初的音乐应该是从昏暗的老屋里传出来的。摇窝下面两个可以来回滚动的竹筒，那声音、那节奏无疑是"童谣"里最美最动听的伴奏旋律了。

老屋有传说的动听故事，是其四。一栋老屋，一段历史，一串说不完的故事。多少寒门学子，怀揣着梦想，寒窗苦读，终于有一天，他们身着长衫，手拿油布伞，踏着乡间弯曲小路去京城赶考，中了举人，于是有了"金榜题名"。多少才子佳人相亲相爱，终于有一天，他们坐着花轿，进得高堂，叩首互拜，掀起那"红盖头"，于是有了"洞房花烛"。多少功成名就人士，他们或思乡或年迈或光宗荣耀，终于一天，回到了故里，于是有了"衣锦还乡"。中国传统意义上的人生几件大幸事，不仅仅只是与这些老屋有关，老屋孕育了生命的奇迹，又催人奋进，并且演绎着生命中一幕幕动人的故事和一个个让世人记忆、让文人吟诵的画面，甚至是千古绝唱。

老屋正在凋落与消失，是其五。这是不能不说的一种悲怆与遗憾。在感受马致远《天净沙》里的美妙诗句和那些动听的故事时，面对一个个消失和正在消失的老屋场景，自然多了一份无奈与忧伤。不少老宅成片成片的无人居住，有的荒芜坍塌，有的冷落凋零，还有的仍在拆除。虽然有的村落大院挂着历史文化名村或文物保护单位的牌子，但并没有得到保护，不该拆的继续在拆，不该建的还在建，过不了多少年，祖宗几百年留存下来的古村老宅或都将会消失。

新田县 大凤头村 壁画

（三）

去过徽州，见过所谓的徽派建筑；去过山西，见过晋商大院，然而走遍湖南的古村老宅之后，感觉湖湘地区的古民居建筑并不逊色，完全可以与徽州、晋商民居建筑媲美，只是我们少了太多的保护，以至于不像徽派建筑、山西大院那么名播四海。

湖南的古村老宅作为湖湘历史文化的一部分和湖湘文化的重要源头之一，曾经有过它的辉煌。无论是湘东湘北、湘中湘南地区以马头翘角、天井长廊、厢房构造为特征的"堂"屋大院和族群聚落，还是大湘西地区集经商与居住为一体的"窨子屋"和苗、侗、土家族居住的吊脚楼与黄土屋，那些匠心独具的古民居，都雕刻着厚重的湖湘文化印迹，蕴含着丰富的湖湘文化底蕴。

著名建筑学家贝聿铭说过，中国除了皇家建筑与士大夫建筑外，还有一种是风土建筑，中国南方的大多建筑都是风土建筑的范畴。湖南湘水资水流域地区的民居民宅，无例外地属于风土建筑或乡土建筑，既借鉴了江浙、徽派外来建筑的一些元素，同时又传承了湖湘本土的历史文化。

数百万年前，当地球板块运动撞击形成南岭山脉时，两条涓涓细流从湖南的蓝山和湘桂交界的高山上悄然流出，在永州的萍岛汇合成湘江，孤傲的她逆势北去，连溪流、纳百川、入洞庭、汇大海……她就是湖南的母亲河：湘江。这条全长 969 公里、覆盖湖南总地域面积 45%、流经 9 个市的湖南最大河流，她滋润着三湘大地，孕育了一个个极具个性特色的古村落。

一是，规模恢宏大气。与沅水流域湘西地区的山寨建筑明显不同，湘东地区的古村老宅多是大格局、大体量、大聚落。这些村落一般都是几百上千人，多的达四五千人，甚至上万人。宁远县下灌村解放初期就有几千人，现在是 12000 人，徐霞客当年曾描写它是"巨落"。这些老屋一般是二进三进纵深，有的是一门四进五进。双牌县盘家大屋一门七进，即纵向六个天井。横向一般因地就势，二排三排，甚至四排五排，留存的建筑多的几十栋，上百栋，甚至几百栋。桂阳县庙下村，保存明清以来的古建筑达 230 余栋。有着"江南第一屋场"之称的岳阳县张谷英村，至今保存房屋达 1732 间，206 个天井，62 条巷道。有着"湘南第一大院"之称的零陵涧岩头村周家大院，6 栋独立大宅呈北极星形状布局，坐落在三面青山的环抱之中，从空中鸟瞰，甚为壮观。

二是，历史源远流长。循着镌刻的痕迹，轻抚岁月的尘埃，透过一个个场景：斑驳的墙体、坍塌的梁柱，角落里的碎片，还有那撞击灵魂的残垣断壁，很容易让人们的目光一次次翻转到了多少年以前，猜想着历经沧桑仍守护着的那方故土曾经的模样。坐落在湘水流域的古村，每一个都有一部源远流长的繁衍史：道县龙村在汉代就有了，为永州最为古老的村落，2000 千年前先祖就在此繁衍生息，并且居住的是两位王侯的后裔，宗祠大门镌刻楹联"道德文章双进士，宜山圣水两侯王"，让人震惊。宁远县琵琶岗村居住着萧、刘二姓大家，相传刘姓为汉高祖刘邦之后，萧姓为汉丞相萧何之后，萧家后人至今堂中悬挂着清代同治年"相国家风"的匾额。耒阳市东坪村周家大院，为"汝南第"周德埔于清光绪年间所建，周德埔系三国时期周瑜第五十二世孙。

三是，族群文化厚重。湘东古村多以血缘关系为脉络、以姓氏为纽带繁衍的

族群聚落，祠堂和"堂"屋或许是他们灵魂的承载体。湘东古村落的祠堂很多，他们以祠堂为中心向左右及其纵深发展。汝城县村村有祠堂，姓姓有祠堂，祠堂又分总祠与支祠，全县 36 万多人口，280 个姓氏，保留着始于宋元、盛于明清的古祠堂 700 余座，祠堂几乎遍布了汝城县的每个村落，有的村甚至有六七座之多，被誉为"中国古祠堂之乡"。又如，湘中地区"堂"特别多，以"某某堂"命名，一个"堂"一个大院，一个大院一个村落。娄底的涟源、双峰，邵阳的新邵、邵阳，几乎遍地是"堂"。涟源桃林坝村有谢家父子"双翰林"的乐恺堂；涟源杨家滩军名将故居有存厚堂、存养堂、师善堂、光远堂、余庆堂和云桂堂；双峰县荷叶塘有曾氏家族的富厚堂、白玉堂、敦德堂、奖善堂、万宜堂、黄金堂等所谓的"九处十堂"。还有以湘中地区富商为代表建造的荫家堂、承志堂、树德堂、体仁堂、伟训堂、石壁堂等等。

四是，"湘魂的摇篮"。湘东古村孕育了中国历史上尤其是中国近现代许多著名人物，这些"惟楚有才"人物可谓是"武能定国""文能兴邦"，以致改变中国历史的进程与命运。较早的如出生于道县楼田村、世称"濂溪先生"的宋代理学开山鼻祖周敦颐，他所提出的无极、太极、阴阳、五行等理学基本概念，为后世的理学家反复讨论和发挥，并构成理学范畴体系中的重要内容。近代如出生于衡阳县曲兰乡湘西村菜塘湾的王夫之，被称为世界上最著名的思想家、哲学家，与黑格尔并称东西方哲学双子星座，为湖湘文化的精神源头人物。出生于隆回县学堂湾村的魏源则提出了"师以长技以制夷"的主张，开启了了解世界、向西方学习的新潮流，成为中国思想从传统转向近代的重要标志。双峰县荷叶塘富托村的曾国藩，"修身齐家治国平天下"，成为中国近代政治家、战略家、湘军的创立者和统帅。湘阴县巡山村柳家冲的晚清重臣左宗棠，收复祖国新疆，维护领土主权。从湘潭县韶山冲走出的毛泽东，"问苍茫大地，谁主沉浮"，他和宁乡市炭子冲的刘少奇等，成为中华人民共和国的开国元勋。无疑地，湘东古村既是湖湘文化的源头之地，也是催生中国近代著名历史人物的地方，可堪称是"湘魂的摇篮"。

中国有将近 5000 年的农耕社会历史，有的村落有数百年甚至上千年的历史。大量的历史文化财富，大部分散落在这些古村落里。如果一个民族农村的文化没有了，那么这个民族文化的"根"基本上没有了。所以，保护好、传承好、利用好这些古村落古民居遗留下来的历史文化积淀，意义非凡，责任重大。

《湘魂的摇篮 湘东古村》分望族聚落、豪门宅院两个部分，81 个古村，共400 余幅图片。湘东古村与江南许多地方的古村民居一样，它们多坐落于绿水青山之间，山环水抱，古树参天，环境优美，几乎每一个村落都有着江南水乡的灵性，都是一幅幅美妙的图画。从高处俯瞰，或气势恢宏，或小家碧玉般的小庭院；无论从整体布局或建筑构架，还是细部的司檐翘角和雕梁画栋，都恰到好处地与自然与居家环境融为一体。《湘魂的摇篮 湘东古村》《湘魂的摇篮 湘西古寨》2 本画册，如果说湘西古寨是一部多彩的画，湘东古村则是一部厚重的书。

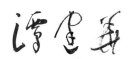 2021 年 12 月

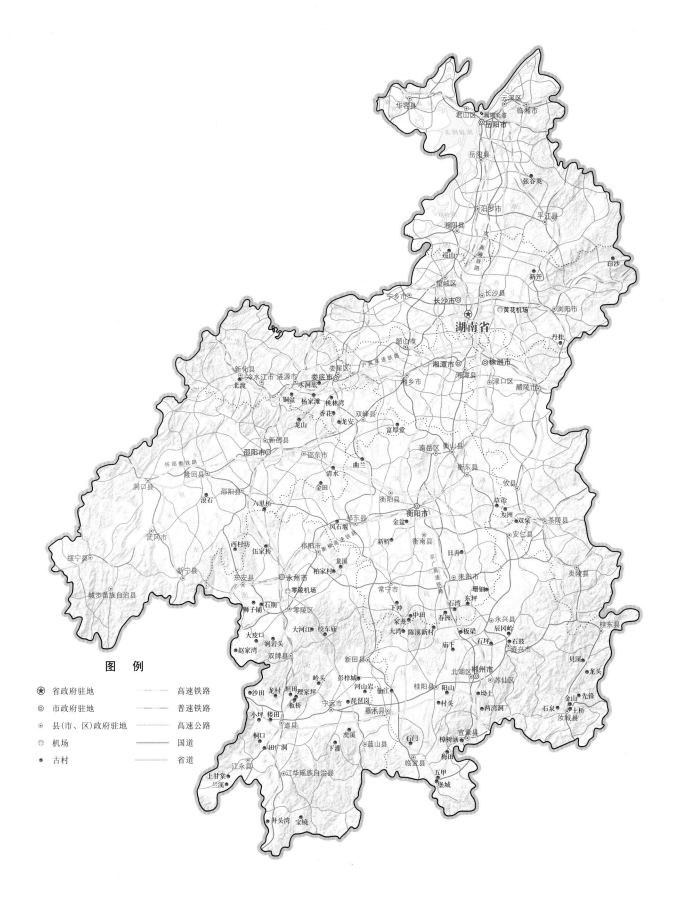

华容县
云溪区
临湘市
君山区 属湖北省
岳阳市
东洞庭湖
岳阳县
张谷英
汨罗市 平江县
湘阴县
巡山 新开 白沙
望城区 长沙县
宁乡市 长沙市
黄花机场
湖南省 浏阳市
新化县 连源市 娄底区 韶山市 丹桂
冷水江市 永洞底
北渡 宁乡高速铁路 湘潭市 株洲市
铜盆 杨家滩 桃林湾 湘乡市 湘乡县 渌口区
香花 双峰县 醴陵市
龙山 龙安 富厚堂
新邵县 南岳区 衡山县
邵阳市 邵东市 衡东县
怀邵衡铁路 曲兰
隆回县 清水 攸县
洞口县 金田 草市
邵阳县 衡阳县 友洲 双泉
浪石 六里桥 安仁县 茶陵县
凤石堰 金兰
祁东县 衡阳市
西村坊 新桥 日升
武冈市 伍家桥 祁阳市 衡南县
龙溪 炎陵县
绥宁县 柏家村
新宁县 永州市 常宁市 未阳市 珊瑚
城步苗族自治县 东安县 零陵机场 下冲 东坪
石期 宋井 中田 寿洲 石湾 永兴县 桂东县
狮子铺 零陵区 大湾 陈溪新村 板梁 辰冈岭 贝溪
大皮口 大河江 绞车庙 庙下 石坪 石鼓 资兴市 龙头
洞岩头 岭头 郴州市 金山 先锋
赵家湾 双牌县 彭梓城 河山岩 仙江 北湖区 苏仙区 石泉 上桥
新田县 桂阳县 阳山 汝城县
图 例 沙田 龙村 坦府 理家坪 宁溪市 琉璃岗 村头 拐上 两湾洞
小坪 楼田 板桥 嘉禾县 樟树涌 梅田
省政府驻地 高速铁路 道县 宜童县
市政府驻地 普速铁路 桐口 虎溪 石门
县(市、区)政府驻地 高速公路 楼广洞 下潘 蓝山县
机场 国道 江永县 临武县
古村 省道 上甘棠 江华瑶族自治县 五甲
兰溪 堡城
井头湾 宝镜

新田县 乐大晚村戏台 柏青堂·湖南古村探寻志愿者

目 录

永州市 涧岩头村

一、望族聚落

　　血缘是人与生俱来的自然传承关系，渐渐地繁衍演变成家族、宗族关系，并形成族群聚落，即以血缘关系为纽带聚居的村落。湖南乃至中国乡村均是以这种关系形成的。和自然法则下所有的物种一样，人类也是如此，千百年来，或因疾病或因灾祸或因争斗，有的族群没落消亡了，有的则兴盛延续成了望族。

　　一个姓氏，一脉相承，繁衍数十代；一个姓氏，一个宗祠，聚集千万家。这里介绍的 40 个古村，都称得上名门望族，这些望族以血缘为传承、以宗祠为中心，或前后或左右建造自己的房屋，而房屋则成了血缘宗亲赖以生存的居所，大的聚落有的多达数千人、上万人；几十栋、几百栋民居有序地成片地连接在一起。

宁远县 九疑山

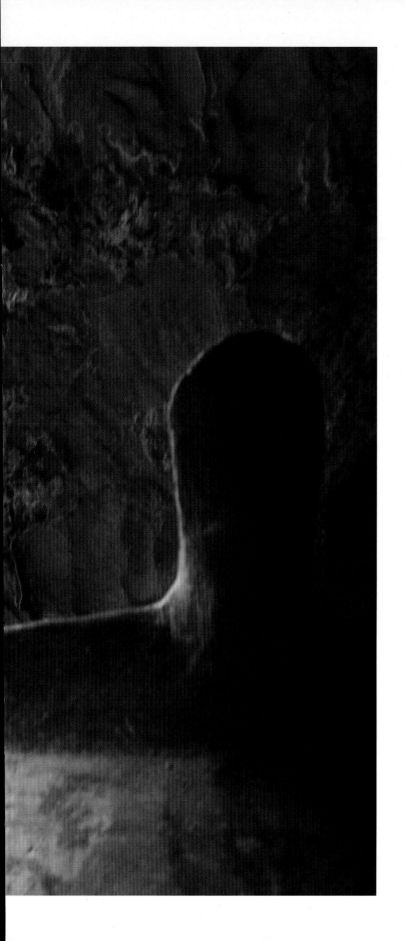

下灌·李家聚落

载着岁月的亘古，沿着光影斑驳的青石板和鹅卵石小道，或空中鸟瞰，由远及近前行，高墙外，深巷里，石桥边，古树下，看似静默的背后却寄托了一种悠远的情怀，一切都似乎在不经意间触摸到了深邃的历史脉络。虽然眼前的一栋栋老宅已经破旧，或残缺不全，或倒塌或 荒芜或无人居住，但几百年的砖瓦楼阁却风雅依然，散发着被时光浸润过的史书般的温暖与醇香。

自从计划拍摄湖南的古村老宅，便四处收集相关的资料，包括徐霞客的游记。当年徐霞客从广西进入湖南，经江华至宁远的九疑山，并且在下灌留宿过几夜。徐霞客靠着两条腿翻山越岭来到下灌，他事先应是有过考究做过功课的。一是舜帝陵在九疑山，距离下灌区区几里路。二是下灌于唐代出了个湖广当朝第一个状元李郃。

有资料显示，宁远下灌故有"江南第一村"之称。进入下灌首先感觉不是一般的美：两条江，即灌溪与冷江环绕着下灌流淌；桂林般的山水，周围峰峦叠翠，九疑山九峰之中的石楼峰、箫韶峰、朱明峰、杞林峰、桂林峰均在下灌，在这里可以领略"万山朝九疑"的美景，连绵的九疑山峰一点也不输给桂林。

最让人感觉下灌厚重的则是它的历史与文化。史料有记，下灌开源于西汉（公元元年），至今已有 2000 多年。相传始祖李道辩受朝廷封疆平乱，待李功成时，朝廷变迁，李便隐姓埋名于此，耕作农田，繁衍子孙，形成了今天的下灌李氏大聚落。中国李姓人家颇多，秦以后李姓分陇西房、赵郡房等若干分支，到了唐代因李渊是陇西人，陇西房便成了李姓望族。

李氏子孙溯源寻根，常在姓名前冠以"陇西"二字，并常在厅堂挂上"陇西堂"匾额。李道辩早李渊 100 多年，定居九疑下灌后，至唐时已发展为宁远李氏大家。当地百姓说，解放初，下灌就有几千人，现在是 2000 多户 13000 多人。至于徐霞客游下灌时是多少人，不得而知，不过仅凭其"巨室鳞次，大聚落也"的描述，足以说明李氏一族的兴旺发达程度。

下灌历史上最辉煌时期是唐、宋两朝，出了两个状元，48 名进士，"江南第一村"的来历可能更多的也是源于此地的历史文化影响。李郃，李道辩第十四代孙，于唐大和二年（828）举进士第一，自隋朝开科取士以来江南的首位状元，又称"湖广第一状元"。当李郃听说与其同时参与科举的刘蕡因言辞过激，虽才华出众而考官不敢取时，李郃毅然上《让第刘蕡疏》，请求文宗皇帝将自己的功名官爵改授刘蕡。如此一来，李郃便成了"科举让第第一人"。当时虽然文宗皇帝未准李郃所奏，但史学家们却把这件"让第高风"的事写进了《旧唐书》《新唐书》，李郃之名由此而名垂史册。

李郃后来因让第事件开罪宦官，被排斥出京，没有显赫官衔，只做到刺史级，后加龙虎将军衔，但他一生颇有许多精彩章节。这位状元郎在贺州刺史任上，发明了一种娱乐性的流传千古的游戏"叶子戏"，也就是今天扑克、麻将的始源，故也可以称李郃是麻将的鼻祖，"叶子戏"因此而入载《辞海》。现在下灌一直留有纪念他的状元楼、文星塔和洗砚池、挂榜山等石刻。

宁远县 下灌村 晨曦

　　徐霞客曾在他的《楚游日记》里有过两句对下灌经典的描述："巨室鳞次，大聚落也，大姓李氏居之。""游九疑而不至此，几失其真矣。恨未滞杖履其中，搜剔奇闳也。"是说，宋代的下灌就是李氏一族的大村落了，游九疑山若不到下灌，就看不到真正的九疑山。可见下灌在当年徐霞客的游历中是怎样的分量。

　　观下灌山水，最撩人时当数一早一晚的日出日落。早上你走到广袤的田野，扑面一阵清风，使你顿觉心旷神怡。这时你面前的山，宛若多姿，清新而舒展；傍晚，你若去溪边走走，这时山影已经朦胧，若隐若现，你会感觉似乎是一幅水墨画，又像是一部史书：虚幻、遥远，古朴、凝重，且散发着浓浓的人文气息。

宁远县 下灌村 李氏宗祠

下灌李氏宗祠最早建于宋太宗至道三年（997），经过几次重大修建，最近一次修建是民国二十年（1931）大火之后。李氏宗祠牌位数百年一直供奉的两位人物，一位是先祖李道辩，一位就是李郃。

据说这个祠堂是永州至今占地最宽、建筑最宏伟的一个，祠堂的窗及门户的坚墙是欧式，进门的前殿是一个大戏台，台梁刻着"八仙"图，戏台仍可以作为演出用。200平方米的大天井地面，用鹅卵石铺设。中殿为一个大厅，大厅后是神位殿堂，祭祀李郃及李氏祖先。

宁远县　下灌村　状元楼

宁远县 下灌村 古街

宁远县 下灌村 广文桥

宁远县 下灌村 学堂

广文桥最早叫应龙桥，明《徐霞客游记》曾有记载，传说明朝建文帝在此落水，后重建与桥亭合一为风雨桥，仍为应龙桥。据说建文帝落水后不再做皇帝，在宁远做了隐士。清康熙年间桥被洪水冲垮，雍正初年，再建此桥，时任县长题桥名为"广文桥"。

下灌保存着一些有历史文化的代表性建筑，一是状元楼。状元楼始建于宋，为状元李郃所建，后又几度修缮，现存楼阁修葺于光绪三年（1877）。二是一所别致的旧时的乡村学校，建于 1936 年的民国时期，为李氏族人集资而建，学校占地面积 1 万余平方米，属民国风格，独特之处是正面教学楼既采用了西方建筑元素，又保持了中国传统建筑风貌，这在过去乡里是极其罕见。

桂阳县 庙下村 鸟瞰

庙下·雷氏大聚落

在我走的几百个湖南古村落中，庙下算得上是最大的族群聚落之一。庙下村始建于北宋祥符年间，距今已有1000多年的历史。庙下人全姓雷，且为雷玺之后。有史料记载，桂阳县雷姓开基祖公有两个：一个是雷天锡，一个是雷肇基。雷肇基（976—1060）曾任宋朝内阁主事。雷玺是雷肇基的第十六世孙。传说雷玺开始住在毛家里，距离庙下几里的地方，当时庙下还是一片荒野山林之地。

雷玺生有九子，他的几个儿子常到庙下这片林子里放牛，有一年牛群之中一公一母进山失踪了，几年后这两头牛竟然带着几头小牛从密林中走出来。雷玺在惊喜之余便认定这是一方宝地，于是在此建房安居。在开基建房的时候，意外地发现基脚后方有一小庙，于是就将此地取名为庙下。

桂阳素有"汉初古郡、楚南名区"之称。在古代，桂阳巫觋歌舞盛行，到明清时期，作为戏曲活动重要的演出场所——宗祠戏台应运而生。湘南古祠堂多，汝城县为最，有700多座。桂阳的古戏台最多。桂阳县文管所人员说，全县存有明清宗祠戏台481座，可与"中国戏曲的摇篮"山西古戏台媲美。

这些戏台多设在宗祠内，宗祠又多为四进，第一进戏台、第二进天井、第三进中堂、第四进神堂，祠堂与戏台合为一体，成为古村落里建筑艺术的代表性杰作。数百年来，这些砖木结构的宗祠、戏台独留余韵烟雨中，是不可多得的历史文化瑰宝。

雷氏宗祠大门前有大照壁，三个大门，中间正门，左右礼门、义路，全青石门框，有石刻对联。进大门即可见大戏台。露天戏场由大块青石铺就，可容数百人，戏台有屏风，隔出前后，戏台两侧有两层耳房。厅中挺立六根大柱，两侧书"忠孝节廉"四个大字。天井四周墙壁亦有壁画，四进有腰巷、花厅，两端开设腰门。花厅两边各设天井。

前几年庙下就被列为中国传统村落，村里的文化旅游成为桂阳县的一张名片，他们重新排了《穆桂英挂帅》《大破天门阵》等十余台传统剧目，还代表桂阳县出去巡演。湘剧的传承和发扬，让这个古老的"戏窝子"更加充满了生机。

走进庙下雷氏宗祠，正在表演湘剧《拜寿》，那一招一式、一字一句，尽显湘曲之曼妙，自然引来八方观众。"过大年看大戏大吉大利，品古韵游古村古色古香。"这是庙下戏台两边的对联，看着台上的古装戏，再看看台下那些"戏迷"乡民，立马会被这浓浓的乡村文化所感染，甚至领悟出其中的些许奥秘。是啊，唯有那些源于民间，根植于基层的文化才是真正的大众文化，才会被一代一代所传承。

桂阳县 庙下村 戏台 戏迷

桂阳县 庙下村 戏台 戏迷

桂阳县 庙下村 戏台 戏迷

　　庙下的雷氏公祠戏台在桂阳县颇有名气，顶部飞檐翘角，气势十分雄伟，桂阳及湘南各地的戏班都在此演过戏，有京剧、湘剧、昆剧、祁剧、花鼓戏及桂阳地方小调等，许多国内、省内著名艺人曾在此显过身手。庙下剧团据说在清代就有，薪火相传，远近闻名，被外界誉为"戏窝子"。桂阳县各乡村剧团中，庙下剧团年年获奖，尤其是《十五贯》《屠夫状元》《珍珠塔》等剧目很受欢迎并成为这个剧团的传统剧目。

古老的塔楼，当地人叫碉楼，是庙下的制高点，村民将它称为"登楼敲钟"，远眺是一个堡垒，也是庙下的标志性建筑。第四层塔上仍保留枪眼，村里一旦有事，皆可以前往楼前集结。

桂阳县 庙下村 碉楼

桂阳县 庙下村 老宅

　　庙下村的半月形水
塘旁有八棵几百年的古
柏树，遒劲苍翠，遮天
蔽日，风姿绰约。夏日
里村民在树下休息纳凉，
十分惬意。

桂阳县 庙下村

桂阳县 庙下村 匾额 神龛

桂阳县 庙下村 屋檐 壁画

瑞凝，指瑞气常存、春常在的意思。椒衍，椒者，花椒也，像花椒一样密密繁衍，比喻氏族繁衍昌盛，人丁兴旺。

屋檐壁画第一幅题字：问居季司直，门外水流何处，天边树绕谁家。山色东西多少，翩翩几处云遮。虎林俞之鲸。第二幅题字：沙头水浅鱼深儿少，深着一篙归去休。壬戌八月于浮澹居

经过数百年的修建，现在庙下留有230多栋明清时期的民居老宅。雷玺后人至今已是万余人，居住在庙下的有560余户2300多人，传承了二十几代。显然，庙下是桂阳县乃至湖南湘东地区的一个大族群聚落。

桂阳县 庙下村 雷氏宗祠   桂阳县 庙下村 门口石刻

　　走出雷氏宗祠，抬头看看大门上的石联，让我对庙下雷氏一族更多了一分
敬仰："普天率土莫不尊亲任万事纷纭何如务本；照幽激明日维礼乐愿合群敬
爱张我宗风。"据说此联为清代桂阳县令雷飞鹏所撰，雷飞鹏亦为庙下人。

　　古色古香的文化，繁衍古色古香的历史文明，让这个古村历久弥新，古味
悠长。

阳山·何氏聚落

桂阳县正和乡阳山村，600 年积淀与保存下来的 60 余栋清代中期古老建筑，保持着江南客家民风，汉代经学、宋代理学在这里得以传承。

阳山因依阳山而得此名，四周层峦叠嶂，草木繁茂，郁郁葱葱，一条小河垂柳夹岸，蜿蜒流淌，阳山就掩映在这优美的环境之中。走进阳山，映入眼帘的是绿水青山，芳草萋萋，杨柳轻扶，一派宜人静谧的景象。可见其先祖依山傍水，择此而居，折射出了古人"知者乐水，仁者乐山"的美妙境界。

相传，元朝末年的一天，一位姓何的进士任期满后回籍路过此地，被这块青山环绕、秀水萦回的风水宝地所吸引，于是决定隐居这里，买田置业，繁衍生息。原来这里是廖姓人家居住，自何氏来此并一代又一代繁衍，廖姓渐渐消失。又传，明弘治年间，阳山的创建者、七世祖何天禄中举为增城即广东增城县知县，结识了退职在家的明代哲学家湛若水，二人日夜探讨静学数日之后，何天禄做出了一个改变子孙后代命运的决定：辞官回乡。何天禄没有回到始祖、元朝大德进士何臣定居的桂阳城蓝衣巷，而是领着家眷来到骑田岭山脚下一个倚山面水的幽静之所：廖家湾（今阳山）。

踏上高高的石阶步入阳山，右边竖着两对拴马石，石上刻有"乙酉科举人何煌、举人何魁"字样。据说这里每出一位举人就会在村口立一拴马石。由于这里的人勤奋耕读，发达之后建造自己的宜居家园，于是有了这座至今仍让世人称道的古村落。

桂阳县 阳山村

　　举眼望去，民居纵横成片，屋檐高翘，重檐斗拱，金字墙顶形成鸡冠垛，层叠飞阁，宏伟气派。房屋的亮格花窗、天花板都雕有各种图案，屋檐下的壁画、诗文、壁堆、雕塑栩栩如生，可见这里的古民居历史文化内涵尤为丰厚。正是因为他们是正宗的书香门第、经学家之后，致使这里后生辈出。族谱记载，阳山先后走出大大小小文武官员33位，有进士、举人、将军、翰林。他们崇文尚武，求和睦，明礼仪，事农桑，也才有了村里后来的"重九会""救婴会""禁戒会"等助弱扶贫的民间组织，形成了"宽容诚厚重，和气致祯祥"的百年家风。

　　阳山的何氏宗祠、私书院、举人故居，都保存完好，古民居照壁、窗檐上的"柏台""梅阁"很有文化意味，不得不让游人驻足。有的老宅厅堂里高悬"佩印堂""声振骠骑""梅阁""柏台"匾额，亦彰显出这里的文化底蕴。

　　"声振骠骑"，是另一家厅堂黑底金字牌匾，上书的四个大字道出阳山这个地方不但文人辈出，武将同样毫不逊色。传说先辈红日保七代单传，代代武官，七代人皆战死沙场。何氏七代武将，武艺高强，骁勇善战，精忠报国，为国捐躯，不但声振朝野，而且恩泽后人。

桂阳县 阳山村 故宅

　　阳山村整体布局按宗脉家族分立，纵布五巷，横排四街，错落有致。单体建筑形制有四合院，有两进三间厅堂。以砖墙承檩，正堂左右墙呈"山"字形。上砌 3—5 级马头墙，硬山式顶。砖木构件均以膏泥塑图像。雕刻花纹装饰。房内多幅匾额、对联、诗词，历史文化内涵深厚，展示出一派清代遗风。

桂阳县 阳山村 故宅

阳山最早的民居始建于明弘治年间（1488—1505），清乾隆时期已成村落，嘉道年间为鼎盛时期。最多的民居建于清代道光年间（1821—1851），现存的大多房屋均为清嘉道年间所建。房屋为砖木结构，青砖青瓦。

桂阳县 阳山村 经研第

桂阳县 阳山村

不少人家门上有"研经"的牌匾。"研经"是研习经学，第就是府第，是宅门。就是说这个宅门是研习圣贤经书的地方。据说"研经第"是有渊源的。

先祖何天禄是东汉大经学家何休之后。东汉末年有两个著名的经学家，一个叫郑玄，一个叫何休。郑玄是古文经学派，何休是今文经学派。郑玄当时被称为"经神"，何休被称为"学海"，所以何休的后代自称"学海渊源"，即指何氏宗族源于汉代被称为"学海"的何休。

桂阳县 阳山村 "梅阁" 诗书画

　　"梅阁"，又称绣楼。古代女子常常是养在深闺中，足不出户。她们的婚姻，是父母之命、媒妁之约。然而，阳山却也不乏开明之士，他们尊重女子的选择，为女择婿建了一个二层阁楼，每当有公子哥儿到府上拜访时，情窦初开的少女便能透过窗格观察，物色意中人。哥儿则可抬头看见"犹抱琵琶半遮面"的美女，那情景好比雾里看花、水中望月，别具一番风味。

　　"梅阁"，厢房门罩上有这样一首诗："春游芳草地，夏赏绿荷池，秋饮黄花酒，冬吟白雪诗。"因年久字迹有的已脱落。

这家厅堂高悬"学海渊源"匾额，下面有一神龛：余庆堂。两边有木刻联：俎豆承先德，诗书裕后昆。可见这村落既注重理学又注重育人。难怪这方土地人文荟萃、人才济济。

桂阳县 阳山村 「学海渊源」神龛

24

"柏台"，阳山人叫"莲棚"。"柏台"是御史台的别称，清朝时亦指按察使，后来亦泛指宫殿，可见当年房屋主人是如此达贵和显耀。

桂阳县 阳山村 柏台

"佩印堂"，何煌故居。何煌，道光乙酉科举人，钦加蓝翎，补都阃府，即四品武官。墙角的青砖上面刻有"道光八年"四个字。厅堂高悬金匾"佩印堂"，两边是出自名家书法的墨底金字木质漆联，条案前摆有八仙桌、八仙椅、茶座、茶几……

桂阳县 阳山村 佩印堂

25

仙江·罗家一族

仙江，位于湖南省嘉禾县石桥镇，相传该村内河上一座天然石桥系神仙架设而成，称为仙人桥，故取名仙江。

这是无人机上见过的最美且庞大的族群古村落。有一天傍晚当我来到嘉禾县仙江村，见一大片荒芜的古民居无人居住时，便立马放飞无人机进行航拍，可待回到几十公里外的县城酒店住下时，发现无人机里没有任何东西，原来急切之中竟然未装 HC 卡。无奈，只好第二天天未亮起床，在太阳出来前又赶到仙江。

或许是上苍的有意安排，早上大地起了一层白色的晨雾，当无人机飞到 300 米高空俯瞰时，只见蓝天下面是云海，云海下面一条蓝色的河流绕着仙江流淌，而仙江则若隐若现地坐落在"S"大拐弯处。我不由地感叹，此时的仙江才是仙境啊！

湘南嘉禾有八景，其中之一的"仙人摆渡"就在这里，且享誉三湘。仙江古村，临水而建，仙人桥作屏，与古亭遥相对映，100 多栋罗氏一族的明清古民居，傍水环绕。据考证，仙江始建于唐代前后，是一座有着近千年历史的古村落。罗氏始祖于初唐由江西迁徙而至，在此繁衍生息，形成了今日 3000 余人的族群聚落。

古时候的国人是很讲求风水的，看得出罗氏先祖在选址时是遵循"阴阳八卦"的风水理念。仙江几乎是三面环水，村头位于湘江支流的春陵江畔，春陵江绕着仙江流淌。村子呈"乌龟背形"半岛古堡结构，素有"南方丝绸之路"之称的一条南北向古道穿村而过。明朝参政陈尚伊在《仙人桥石梯碑文》对此曾有描述"北通京阙，南贯交广"。这里还是历代兵家必争之地，至今留有练兵场、聚义堂、古联等可为佐证。

仙江历史上出了不少人才，村支书罗卫平翻出《罗氏族谱》说，嘉禾县历史上唯一进士罗以纯就出自仙江，还有清代提督罗灶升等。民国时期曾出过几位将官，做了不少善事，出资修建了聚义堂等。

获得茅盾文学奖的《芙蓉镇》的作者古华，原名罗古华，也出生在此地，《芙蓉镇》创作原型地之一就是仙江。古华笔下的外婆桥、古亭、古戏台的句子不少是出自仙江。电影《芙蓉镇》、电视连续剧《浴血罗霄》先后在这里取景，湖南卫视《乡村发现》栏目在这里录制过《嘉禾恋歌》。

让我有些心头之痛的是村中的古戏台。湘南古村的戏台大都建在祠堂里，仙江却是露天戏台。村民说过去多是唱大戏、看大戏，有湘剧、昆曲、花鼓戏，后来唱古戏的少了，就在此放电影，前坪可坐 500 名观众。

古戏台建于清道光二年（1822），戏台上有石刻对联："仙去多时，观遗痕却在此；江环如带，奏流水以何惭。"遗憾的是，第二次去仙江时，古戏台已经翻新，戏台前两边的两根 3 米高的圆形石柱被推倒砸断在地，换上了新的木柱子。

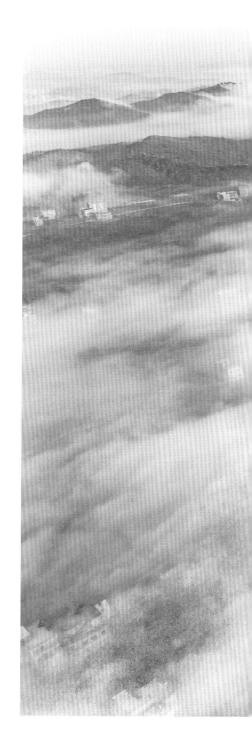

嘉禾县 仙江村 鸟瞰

嘉禾县 仙江村 古亭

嘉禾县 仙江村 古亭石刻联

　　走进仙江，通往村中的青石板路宁静而悠长，一座建于明万历年间的古亭盘
踞在石板路顶端的禾坪上。走进古亭，石柱上清晰可见一对联："津舜水，枕疑山，
灵钟河岳；焕银桥，雄荆楚，秀启龙门。"仿佛开启了我对仙江探秘的"第一扇门"。

嘉禾县 仙江村 宅院

　　仙江建筑及其装饰色调亦属素雅淡秀，单体建筑雕梁画栋，刻檐飘脊、木雕、石雕、砖雕，有山水、人物、花鸟等。青瓦、灰墙、屋角突起的马头墙异彩纷呈，檐饰彩绘、砖雕、雕花格窗交相辉映，斑驳的灰墙黛瓦，隐现出村落昔日的辉煌，凸显出湘南古村落人居环境营造方面的杰出技艺。

嘉禾县 仙江村

　　仙江的建筑与湘南一带砖木结构的古建筑并无二致，所不同的：一是规模大，将近200栋；二是商铺与民居混杂；三是古河道与古民居山水田园合一，构成了仙江独有的特色景观。其商铺与民居多建于清乾隆二十七年（1762）至道光二十一年（1841）间，现存的商号铺面，字迹虽已脱落，仍可辨认，众多的商道、商铺、伙铺聚集于此，可想当年仙江有多热闹。

　　仙江至少有上百条青石板巷道，纵横交错。整个村落的建筑结构趋于简单、简约，以木构架抬梁式、穿斗式为主，内部分隔大都是木板壁、木屏门、木隔扇，墙砖上大都刻有当时的建造年代。

祁阳县 龙溪村 李家大院 鸟瞰

龙溪·李氏家族

祁阳县龙溪村，依山傍水，背后是象牙山，山上绿树成荫，苍翠欲滴，南面是东去的湘江，一条小溪由山间流出，流过龙溪再流入不远处的湘江。这条小溪称为龙溪，龙溪村因此而得名。远远望去，布局坐北朝南，呈长方形。房屋为直向排列的龙溪，全是翘角屋垛，给人以展翅欲飞的动感。

龙溪为李姓族群聚落大院，始建于元末明初，后又至清咸丰年间续建，前后祖孙 13 代 350 年，建成 48 栋民居老宅。建造这个院子的先祖叫李文敬，是个做木材生意的大商人，因生意兴隆，家运亨通，便率二子九孙建造了这个大院，也算得上李氏族人的一份大家业。

李家大院按照它们的先后构筑顺序，均以正屋为核心，依次在各自的正屋两边沿着两条南北走向的轴线，对称有序地排列。所有支撑房屋木柱的青石墩上，各面都雕刻了各式各样花鸟虫鱼之类的图案，且没有重复的，虽然图面小，但做工精致。花窗也极其精致，共 1200 个花窗，分别代表住人不同的身份。

院内众多的堂屋，都取了意味深长的堂名，如"务本堂""序伦堂""亦爱堂""仁者堂"等；大量泥塑、石雕、木刻寓意很深，如"摇钱树""聚宝盆"以及"龙凤""瓶梅""喜鹊""蝙蝠""鹿羊""狮象"等。一种浓浓的中华传统文化和湖湘农耕文化的韵味在其间。同时，也体现了李家世代传承的信仰、崇尚"耕读"的人文精神，以及企盼福禄寿喜、平安吉祥的美好愿望。

龙溪村最大气的建筑属李氏宗祠。李氏宗祠始建于清咸丰二年（1852），为李氏族人祭祀祖先、集会和娱乐的场所。"三进三厅"，前为门厅，后为正殿，有大柱 48 根，传说会出 48 个大官。高大的厅堂、精致的雕饰，成为这个家族光宗耀祖的另一种象征。门厅外的门斗之上，高挂"五品军功""进士""武异都尉"等文官武将的功名牌。

很是大气的宗祠大门两边有一对联：汁弹绿柳，花萃青莲。大门下方两旁的石鼓、石狮，尊贵、威严；"象""麒麟"，四脚立地，稳如泰山，暗喻"太平有象"。这些无疑是李家大院的镇院之宝。可以看出，尽管李氏家族以经商起家，但值得炫耀的家族光荣还是这仕途功名。

据说，以前村口有座清咸丰九年（1859）修建的"种善亭"，亭内有几副对联这里的老人至今还记得："一溪水流随湾注，半亩鱼塘对面来。""马过桥头新月白，客归巷口夕阳红。"对联道出了这里的环境和主人的好客之风。只是古亭于 20 世纪末修高速公路时被拆除。

　　阳春三月，龙溪村的山坡上、田野间、房前屋后，到处开满了各样的鲜花，红的、白的、紫的，桃花、梨花、杏花、油菜花，把整个古村衬托得极其鲜活。正好西面的坡上有一棵盛开的梨花树，洁白无瑕，我用长焦拍下了满目梨花的画面，画面里的远处隐隐约约有座李家大院的牌楼，这是我拍摄的第一张龙溪李家大院的照片。

祁阳县 龙溪村 李家大院

祁阳县 龙溪村 李家大院

族谱记载，明嘉靖年间，李文敬从江西迁来此地定居，生二子，添二孙，
再添曾孙五个，最早建的房子称"老屋院"。随后，明万历年间，他的第八代
孙建上院和下院。清乾隆年间，李家出过奉政大夫、正五品文官。

祁阳县 龙溪村 李家大院

　　李家大院以正屋为核心，依次在各自的正屋两边沿着两条南北走向的轴线，对称有序地排列，分别朝南北两个方向向外延展。各院落有游亭、巷道或阶檐相通，相互联系形成一个整体。36 个厅堂分别坐落在各自的南北轴线上，形成南北纵深。建筑与环境在这里十分协调，体现了"天人合一"的居家理念。

祁阳县 龙溪村 李家大院 古老雕花床

令人叹为观止的雕花牙床，过去有9层的，有7层的，现在只留下这个3层，屋
主人说这床已有200多年了，是祖上传下来的，现在还在用。

祁阳县 龙溪村 李家大院 石刻

　　李家大院房屋布局匠心独运，房屋内部的陈设细节也颇有考究，而最能体现李家大院内部陈设结构特色的便是木雕、石刻和泥塑这3种技艺。花窗，天井、游亭四周的格扇以及门头的窗格，以形式各异的图案结构，用蝙蝠、梅花鹿、仙桃、喜鹊等木雕花团，象征传统风俗中的"福、禄、寿、喜"。尤其是房间窗框上的雕刻：窗上雕有凤凰的是大小姐住的；窗上雕猴子的是员外住的；窗上有蝙蝠的是少爷住的。还有一种长寿窗，花纹比较简朴的就是老年人住的，而且这么多雕花窗框没有一个重样的。

祁阳县　柏家村　柏家大院

柏家村·柏家大院

　　在地面因视角平面，感觉不出马鞍岭柏家大院怎么大气，而无人机从空中俯瞰，则甚是壮观，三栋老宅子虽然有的已经倒塌，间或出现几栋新居，但整体构架尚存，青砖黛瓦和马头翘角间依然透出它曾经有过的不凡。

　　柏家村因姓得名。三个大院组成一个村落：老屋院、上头院、后头院。老屋院由柏定干，绰号翘胡子于明崇祯十五年（1642）开始兴建。柏定干先祖为柏开贤，柏开贤是从祁阳茅竹镇贵福井柏家迁至马鞍岭的，至于何时迁至此已无考证。不过有祁阳柏氏族谱称，楚望公十一世荣福公为始祖，原籍江西吉安府太和县鹅颈塘。再上溯源头，清宣统三年（1911）三修族谱载，柏氏出自伏羲时柏皇氏。看来柏家确有望族一说。传说先祖柏定干其人精明能干，颇有经商头脑，一生经营木业，名噪湖湘，上自江华瑶岭青山无数，下至汉口南京木排成群，生意兴隆，财源广进，于是斥巨资修建最初的柏家大院，至清光绪八年（1882），历十一代子孙兴建后头院、新屋院、上院和宗祠。

　　柏家大院保存较好的是后头大院，为一正两横布局，中轴包括八字槽门、院坪、正堂屋，院坪两边各有两个结构基本相同的横屋。横屋是院落的主要空间，包括游庭、游亭、走廊、花厅、正厅、天井、绣楼、后房、厢房等。游庭、游亭位于横屋地中轴线，既是连接正堂、各厢房、天井、走廊等功能设施的通道，又是族人休闲的公共空间。

祁阳县 柏家村 柏家大院

祁阳县 柏家村 柏家大院

祁阳县 柏家村
柏家大院 灰塑 檐画

祁阳县 柏家村
柏家大院 灰塑 檐画

祁阳县 柏家村 柏家大院 灰塑 檐画

　　建筑墙身高、出檐深、整体性和美感强，是柏家大院的特点。建筑装饰也十分丰富，彩绘木雕玲珑精巧，人物及花鸟虫鱼栩栩如生。各种雕刻、彩绘、泥塑和嵌图均取材于民间故事和历史传说，雕刻细腻，寓意深刻。有直接表达主题的，也有用谐音以及隐喻的方式来表达主题的，如雕刻的石榴象征着多子，龟背象征长寿，用鲤鱼来借指利，用蝙蝠来代表福等。

　　这里还保存着许多窗雕、泥塑，以及窗花、梁上雕花和古老的雕花床。走廊屋檐上的板梁，多有瑞兽麒麟的雕塑。这些手法是中国民间智慧的象征，是人们希望吉祥的独特表现方式，既反映了明清农耕社会的基本面貌，又有鲜明的湘南地方特色，蕴含着丰富的民族文化内涵。

　　让古院炊烟升腾的，正是柏家大院的子孙，他们是这座大院的继承者和守护者，正因为他们的日夜守护，柏家大院才得以保存至今。

宁远县 琵琶岗村 鸟瞰

琵琶岗·萧氏一脉

琵琶岗因地理轮廓形似琵琶而得名。百余栋古建筑始建于明末清初，是宁远县现存较为完整的明清古民居建筑群，也是罕见的萧、刘两姓合供宗祠的古村，即两个祖宗牌位在一个祠堂里，左是刘氏神龛，右为萧氏神龛。

琵琶岗大多是萧姓，其余为刘姓。相传萧、刘二人原为结拜兄弟，刘姓为汉高祖刘邦之后，萧姓为汉丞相萧何之后。一日，琵琶岗的先祖因自己放养的一群鸭子不见了，为了找回鸭子，从小桃源翻过一座山来到琵琶岗，见此处山水秀美，而且有一条"古盐道"经过此地，便认定是居家的宝地，定居下来，从此萧家在此地更加兴盛起来。

看了村里唯一保存的一套清代族谱，族谱记载，琵琶岗萧氏确是汉丞相萧何的后裔，其祖上"河南郡"几经迁徙，先后经过安徽、江西，最后来到湖南，在此定居，繁衍生息，现在他们自称萧何五十八代子孙。

每到一地，我都会想方设法找到族谱，尤其是解放前的线装大本老族谱，它比较真实地记录了一个族群的血脉传承，也是家族历史文化的重要遗存。

依山而筑的琵琶岗民居，不同于别的古村：高大整齐的石城墙，宽大平整的石板路，无论是房屋、巷道，还是水井、下水道和房屋的基脚，都是用巨大的青石条块铺设的，长的有丈余，厚达40至60厘米。一条青石板大道从村子穿过，一直延伸至山那边。村民说，这条道就是当年南来北往的"湖广盐道"，青石板直接铺到邻近的蓝山县。

史载：当年琵琶岗是明清年间"湖广盐道"的必经之地和重要驿站，是永州、宝庆等地挑夫商贩南下广东挑盐及商旅的大路，又称"两广挑盐大路"，也是湖广两地盐、茶、香料、药材、牛马等商品的集散地。如今，村里挑盐大道的两旁还留有商铺和商号、客栈及圈马房的遗迹。盐道地面的青石上还凿有一条条的防滑槽，被脚步和岁月磨得光滑发亮的青石板，足以让人们想象当年这条古道所承接的劳作者的汗水，以及货物往来、络绎不绝的热闹场景。生存在盐道旁的人们自然发了，当时民间流传着"琵琶岗，琵琶岗，银子做栏杆"，说明这里很是富裕。

富足的琵琶岗，既源于贵族血脉，又源于厚重的文化。似乎每一个角落都留有历史文化的印痕。座座庭院飞檐翘角，雕梁画栋，砖雕、石雕、木雕，每个雕刻很有寓意，如"喜上眉梢""双龙献福""麒麟献瑞""鹿上封侯"等等，绘画图案寓意深长，仕女织造，文人官民，栩栩如生。

祠堂里有萧、刘两家的祖训、家训。正门刻有"过客不须凭问讯，读书声里是吾家"的对联。

宁远县 琵琶岗村 石刻

宁远县 琵琶岗村 石刻

宁远县 琵琶岗村 老宅匾额

　　走进一家厅堂，见几位老者正在打纸牌，神龛上高悬着"相国家风"金字匾额，落款为清同治六年（1867）。想必定有它的历史渊源，于是问起这里的老人。老人们说，他们是汉代丞相萧何的后人，并且一直传承着萧何的品行，所以才斗胆挂出这样的匾额。

　　琵琶岗村的石刻亦很丰富，如上图的"喜上眉梢""鹿（路）上封猴（侯）"等，且寓意深刻。

宁远县 琵琶岗村 宗祠戏台

　　琵琶岗村是明朝末年湖广两地盐道往来的交通枢纽，南街的水月镜花古戏台，最初隶属于明末清初的山峡会馆，此戏台记录着湘南戏曲文化数百年兴衰沉浮，凝聚了当地儒释道、民俗和戏曲艺术的精华。"文革"时期，古戏台遭到破坏，几乎是台毁戏停。近些年，禾亭镇邀请当地老戏骨重新组建了戏剧团，修复戏台并将水月镜花古戏台作为游客参观和地方民俗文艺展演场所。

　　天下着雨，祠堂里一群小学生正在戏台前专心朗读，一打听原来是学校在修缮，老师把课堂搬到祠堂里，于是有了祠堂里孩子们琅琅读书声的照片。不是摆拍，而是实景。

宁远县 琵琶岗村 惜字塔　　　　　　　　　　　　　　　宁远县 琵琶岗村 惜字塔 塔联拓片

　　琵琶岗村口有座惜字塔，塔两边刻有塔联："文章光日月，笔墨化云烟。"好一个典型的耕读文化的聚落。

　　惜字塔又称惜字炉、惜字亭，各地称呼不一。古时候读书识字不是件容易的事情，所以人们对写有文字的纸张充满敬畏与尊重之情，不能任意丢弃，必须用火焚化，将之送达天界。修建惜字塔的意义，在于劝勉人们尊重文字，尊重知识，敬惜字纸，增加福禄，以保仕途顺畅。

蓝山县 虎溪村

斜山合粉

50

蓝山县 虎溪村 宗谱

虎溪·黄氏聚落

从宁远下灌穿村而过，沿着一流溪水东行，渐渐地进入桂林山峦般的仙境——九疑山腹地。这里有着"十里画廊"的美景，石峰高耸，山清水秀，风景宜人。到了秋天，金黄色的稻田，溪流与满山都被红的黄的色彩所浸染，虎溪就坐落在这风景如画的群山脚下。

虎溪，属于蓝山县，与宁远紧邻，紧靠"一圩跨两县"的宁蓝古圩场。因村后石山如虎形，村前溪水潺流不绝，故以"虎溪"为名。它还有一个别名，叫猫仔冲。传说很久以前，一群老虎从这里路过，整个村的人都躲了起来，但也有胆子大的从藏身洞口伸出脑袋看看老虎，老虎这时也看到了他们，可老虎看了几眼后就走了，等老虎走后，村民猜想难道这些老虎是猫投的胎，久而久之，就有了"猫仔冲"这一别称。

清初顺治九年（1652），黄姓人在此开始兴土木、建公祠、造房子。如今保存的建筑均为明末及清初所建，大多又是清中晚期所建，且有着典型的湘南居民建筑特色。所建民居以"黄氏宗祠"为中心，向左右及祠堂东面靠山依次修建。宗祠位于三面环山的大山脚下，前景开阔，气势雄伟，有三道大门，左、右门头分别题"水静""山翅"；进门是戏台，正中是神龛。祠内左右门顶嵌有"崇德""明伦"蓝色字眼。

虎溪的古宅多为单门独院，即颇有湘南特色的那种四合院，这些四合院座座相连，从这座下楼可以走到另一座大院，所有院落有分有合，井然有序，既各自独立成院，又相互和谐勾连。每一栋四合院大门进去，正中为大厅，左右为厢房，院内禾坪或铺以光滑青石板，或砌以浑圆鹅卵石，四侧檐下有排水阴沟。

虎溪村最令人流连忘返的属精美的檐画泥塑堆雕装饰，凡有门楼的地方，两侧山墙一定绘有表现虎溪村周边山水田园的彩画，与彩画相结合的就是屋檐处的泥塑，画师将屋檐整面墙分割成不同的小格子，每个格子体现出一处场景，连成一线，就是生动的连环画。有一组以"竹"为主题的彩绘图案，图中表现了主人"丰衣足食"的愿望。有一组右边一个身着状元服，左边一人手牵骏马，回头招呼，寓意"状元及第"，跨马游街，衣锦还乡。还有一组是描绘薛仁贵在窑洞的爱情故事。可以想象，几百年前的黄氏家族，他们是怎样的热爱生活，向往美好。

蓝山县 虎溪村 檐画

蓝山县 虎溪村 檐画

蓝山县 虎溪村 五世同堂宅院

虎溪，一个有着悠久历史的古老村落。当地人说虎溪人脉经过了三个阶段：唐宋年间即800年前始有谢姓人居住，在这之后又以梁姓村民为主，到了明末清初，虎溪绝大部分为黄姓，有文字记载是400年之后的《黄氏宗谱》。

在这里，自然与人文浑然一体，时间与空间相互穿越。目睹这鸡犬之声相闻，邻里朝来夕往，生生不息，一派美丽的农家景象，不是文人也会生出诗情画意来，这诗情画意仿佛浸满了整个山村山谷。

村里的各家门院的门额和二门均有门头题字和左右对联，如"楼合山斜""苍洱毓秀""玉树临风""五世同堂""第一家声""气象维新"等等。古宅里马头翘角以及屋檐下的彩画、泥塑寓意深刻，形象生动。

永兴县 板梁村 宝塔 晨曦

板梁·刘氏聚落

板梁，位于郴州永兴县高亭乡，一个保存完整、风景优美的古村落，它浓缩了湘南古民居的建筑特色、文化底蕴与民风民俗，有"湘南第一村"的美誉。古驿道、古塔、古井、祠堂、半月池、晒谷坪，小桥、流水与周围的田园有序排列，构建出一幅"人与自然"和谐共生的美妙画卷。

从宋末元初刘姓始祖在这里落脚，板梁古村就开启了它的生命之旅。300 多栋明清古民居里，至今还生活着近 2000 名村民。全村人姓刘，其先祖可以追溯到汉高帝刘邦。

板梁的由来，颇具传奇色彩。传说 600 多年前即明朝永乐初年，七品承事郎（宋始设置的文官，元改制以大理评事，为状元及第、宰相任子之初官，清废）刘润返乡建厅堂，当张灯结彩准备上梁时竟然不见了横梁，一村民突然发现村前河溪中漂来一块木板，工匠捞来一量，尺寸正好与屋梁相合，即用此木代梁，"以板代梁"，故名板梁，沿用至今。《永兴县志》记载，板梁刘氏于元末从江西迁入湖南永兴，在此落脚，生息繁衍，建成今天远近闻名的、"天人合一"的自然格局大村落。

进入板梁，远远地可以看见一座建于清道光九年（1829）的七层古塔，六角形风格，塔外角爪风铃清脆，历经 200 年无风化，是湘南最古老的民间古塔之一。接龙桥，又曰"三孔九板石板桥"，传说是将已走失的龙气接回来。桥上铺有九块整块大青石，从青石板上的凹痕可见年代已经久远。桥头是金陵古驿道，老百姓叫"官道"，官道分岔路口，一条通末阳、常宁，一条通桂阳、广东。村北象鼻山悬崖上有一栋小巧而奇特的小楼，名曰"望夫楼"，登楼顶可望河溪和官道的尽头……

走着走着到了一家门牌上挂着"钱庄"二字的宅院，门上有一对联很有意思："天地间读书最贵，家庭内茶饭领先。"下联后几个字已经脱落，无法辨认，恰逢一老者路过，说是"茶饭领先"。在另一处也见一对联："树德箕裘惟老友，传家彝鼎在诗书。"这些看似最最普通的生活哲理，却彰显出这个聚落崇书育人的风尚。

和湖南众多族群聚落一样，板梁也是一个典型的以家族血缘关系为纽带而居的聚族。这里不仅民风淳朴，而且文风盛行，崇尚耕读。据载，理学大师朱熹为彰扬板梁刘氏先人重教好学之风，写了篇《墨庄记》。篇中记载："清之（刘清之）六世祖，磨勘工部尚书太保府君，仕太宗朝佐邦计者十余年，既殁，而家无余资，独有图书数千卷，夫人陈氏指以语诸子曰：此汝父所谓墨庄也。"

有好心人曾劝陈氏将藏书变卖，以置田产。陈氏回答："吾夫生平庸有，念念藏书为墨庄，以昭示子孙，何以田为也？"不变"墨庄"为田庄。陈氏志存高远，被人们尊为"墨庄夫人"，刘氏后裔遂以"墨庄第"为堂号，以励子孙。族谱记载：明清以来，板梁考取进士 11 人，贡生 49 人，廪生 365 人，国学 286 人，出朝入仕者超过 100 人。

可见，延续的是一种血脉，而经久不衰的是文化。

永兴县 板梁村 鸟瞰

　　板梁依地势分上村、中村、下村三个片区，每个区域有一个宗祠、一眼泉井、一口月形池塘。背后是一座山，叫象岭，山不高，却森林茂密，郁郁葱葱。村前有一条溪流，叫板溪，水不深，清澈见底，终年不断。民居背靠象岭，沿着板溪一字排开，远山近水依田园，好一派风光景象。

　　村中有纵横交错的街巷，店铺家居处处以石板路相连，自古有"雨雪出门不湿鞋，设客五十（桌）不出村"之称，足见当年繁华景象。几百栋古民居，雕梁画栋，飞檐翘角，无论是它的水磨青砖，还是门当户对，或者是砖雕、石雕、木雕，其工艺都很讲究，不少门上有门题与门联，虽说是乡里，文字却很文雅，一点都不落俗。

永兴县 板梁村

永兴县 板梁村 官道商街

　　走过石板古桥，便是一条长长的古商街。古商业小巷深处，还有古钱庄。随便在板梁走走，没有半天时间是看不过来的。青山、溪流、石桥，古塔、古寺、古井、古驿道、古民居，仙渡书院、望夫楼、棋盘石街，龙泉古庙、天然大石龟，等等，在这里你可以漫步、流连。

永兴县 板梁村 古井

　　板梁实属风水宝地。10 口泉水古井，四季喷涌，甘甜可口。特别是上村头的"雷公泉"。春雷震砸，泉水从石山下喷涌而出，出水量达每分钟 10 多立方米。泉水流经三大厅的三个月亮塘，再环绕村庄而下，泉水冬暖夏凉，冬天村民洗用不冷，夏季炎热下溪冲澡纳凉，天旱之年也涌流不息。

新宁县 西村坊村

西村坊·李氏家族

从永州至新宁县境内，有一条古驿道，道旁有一条河，河每隔十来里有个好听的名字：一渡水、二渡水、三渡水。一渡水有座翠峰桥，二渡水有座石拱桥，三渡水旁有座节孝坊。一打听，居然均是出自一渡水西村坊村李家望族。

原来早年的李氏家族有个叫李赵钱的人过早地病逝，留下三个幼子和年轻的妻子。寡妇何氏含辛二十载，哺育儿孙，一门九子孙中有八个金榜高中，轰动朝野，使李门盛极一时。其第二子李景曜进士出身，清朝名臣，官至直隶候补大司马，因念其母亲教子有方，表奏朝廷拨专款于清道光三年（1823）为母亲在三渡水官道上修建了这座"圣旨旌表节孝坊"，同时也以此显示李氏家族的荣耀。

西村坊的房子建造全部是用青砖与石块相垒，没用任何黏合材料，石灰浆勾缝，一青一白，一浓一淡，就像是画家笔下不经意的一幅淡雅的素描。庭院外为卵石白粉花墙，风火翘角。壁板门窗饰以花纹图案雕饰。错综的回廊使院内屋通屋，房通房，外部就像一个大堡垒，内部则是一个大家族汇集在一起。每栋房子三面开向，院院皆有精工石砌天井，左右两边用青石大条柱做门框，高门槛、大窗户。每道门口置有精雕细镂的二方憩脚石，门的上方一般有三檐雨帘向上翻起，用于遮风挡雨，又像是花蕊，点缀这一方淡泊的墙。

登上西村坊后山蜈蚣岭，站在半山的一处嶙峋巨石旁远眺，回溪河似楚河汉界，当地居民新建的楼房散布在河那边的公路两旁。河这边，则是古老的西村坊民居，错落有致的高大山墙纵横层叠，青瓦屋顶掩映其中。西村坊有一条得天独厚的山泉，形成一条清澈的小渠，绕着村头人家门口流淌，至今人们仍在渠边洗衣、洗菜，这是许多古村没有的。这条小渠既实用又能防火，还暗合中国建筑风水学原理，或许是西村坊巧妙的布局，使得这座村落得以长期保存并延续下来。

既有优越的地理位置，又有浓厚的文化气息，自然吸引了很多考古专家和摄影爱好者的探访，我国著名建筑史学家、建筑教育家刘敦桢就是新宁县人，其子刘叙杰也是著名建筑专家，曾数次来此考察。他说每一次到西村坊，都有新的收获，这里的小巷、墙垣、住宅的造型和布局，以及屋里的历史文化，很有意味。在他看来，与江浙安徽的经典民居不相上下。

新宁县 西村坊村 三渡水节孝坊

新宁县 西村坊村 回溪桥

　　三渡牌坊为阁楼式样的建筑，全部由大块脊石镶嵌而成。高 10 米，宽 7 米，重叠三层，并列三门。结构严谨，气势端庄，别具特色。碑楼石刻十龙抢宝、八仙过海、四凤朝阳、双狮滚球、魁星点灯等神话故事。石柱对联：节映冰壶，闸范永标凤阁；孝垂玉树，家声重振龙门。靠北边的一副是紫诰新封，共仰松筠柏节；琼楼高架，咸钦岳峙渊渟。

　　西村坊有一条自西北向东南流淌的小河，河上架有清嘉庆二十一年（1816）修建的回溪桥——三亭翘角飞檐、重檐式风雨桥。桥梁造型玲珑古朴，给风景如画的西村坊带来了画龙点睛的美感。

　　来到桥的另一头往上一看，"回溪桥"三个遒劲有力的大字赫然在目。据说这三个大字是清朝咸丰年间本地举人李廷弼老人所书。桥高 4 米左右，巨石为墩，桥身为木质结构，雕栏翘檐，青瓦覆盖，古韵盎然。

新宁县 西村坊村

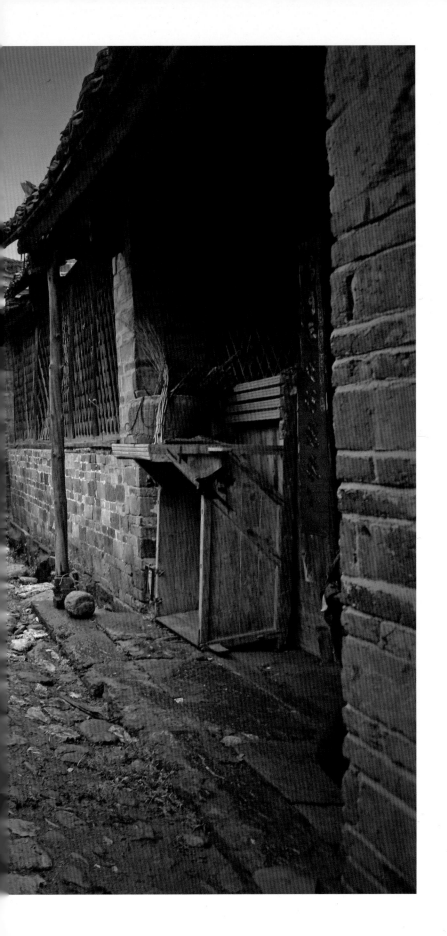

　　西村坊背靠蜈蚣岭，前有回溪河，小河自西北向东南流过，回溪桥将对岸依山傍水、飞檐翘角的古民居群连接在一起，构成一幅"小桥流水人家"的江南水乡美景。

　　廪生李昌富于清乾隆十七年（1752）创修西村坊，清乾隆二十五年（1760）竣工，分住宅、宗祠、会馆三部分，现仅存住宅建筑群。这些住宅主体为"三纵三横"排列，组成九座风格各异的建筑。

　　西村坊的地面檐下是清一色的青石麻条，天井缀满鹅卵石。窗户全为石材花雕，做工讲究，且很有特色，据说是经过祖孙三代石匠打磨的，大的2米有余，或圆形或正方形或长方形。窗槛先用木方为骨做衬子，再在木头的外面用三合泥及石灰浆粉饰，制成"福、禄、寿、喜"为主的艺术窗槛或雕成"鸟、兽、虫、鱼"的窗花。

新宁县 西村坊村

新宁县 西村坊村 寿匾

一个古老神秘而富有江南文化气息的建筑群落，拐角处一栋经典别致的建筑很是打眼，外墙朝东南面，形体结构像"船"状，进去则是一堵高耸的马头翘角立面迎面而来，有点像"帆"。不知道主人当时是何立意，大概是从后山一条小溪绕着屋前屋后流过，才让主人有了这种很独特房屋建筑或"扬帆""远航"的创意。

巷道深处，有一大院，猛抬头，见一金字匾额，约有500字的楷书，记载着当时房屋主人生平事迹。原来这房主叫李苏生，时为族长且六十大寿，族人便联名赠送了这块匾额。落款时间为民国五年（1916）。

自清朝始，直到民国时期，西村坊李氏历300余年而不衰，获秀才功名以上者近百人，这在比较封闭的新宁县一渡水地区确实是个奇迹。出过官人也出过诗人，李景曜就是一位，有过许多诗篇。摘《琵琶晚曲》两首，均是写西村坊的："谁来江上奏琵琶，律调悠扬噪夕鸦。两岸商风悲汉使，一天星斗冷胡笳。""才怜玉指寒香板，却怪青娥隐碧纱。音入朱楼调玉笛，西村岭外泛桃花。"

69

道县 龙村 鸟瞰

龙村·柏氏蒋家聚落

坐落于道县乐福堂乡的龙村很是古老，在汉代就有了，是湘南永州最为古老的血缘族群聚落。2000 年前先祖就在此繁衍生息，并且居住的是两位王侯的后裔。其实龙村有三个姓氏：蒋、熊、柏。族谱记载，龙村的始居者一为熊氏，是东汉末年龙平侯熊尚的子孙。另一位侯王是蒋嵩的后裔，于西晋时期就此定居，蒋姓的姻亲姓柏，于明末清初搬来龙村。

龙村位于龙头岭下，亦称龙头岭村。因龙溪河如龙般环绕村前流淌，因而得此村名。龙头岭山上古树参天，村旁小桥流水，西面是开阔的田野，风景极其优美。贯穿村子南北的青石板纵道是中心轴，与这条纵道并行的是一条水渠，房屋沿水渠两边而建。龙村除了南北纵道，每姓各有鹅卵石铺设的东西横巷道，巷道两旁有着一个个院落。古民居建筑分为两类，即公共建筑和私家民居。公共建筑有书院和宗祠，民居建筑以天井式院落为特征，外观为青砖围护的清水墙，上盖小青瓦，屋脊做叠瓦并结合各种灰塑。龙村的院落大气，装饰精巧。巷道均为鹅卵石和青石板铺设。

走进龙村，给人的感觉是这里确有贵族血统，人才辈出，文化底蕴很是厚重。"柏氏""蒋氏"祠堂门前分别有许多拴马石，自然是在彰显着各个族群的荣耀。蒋氏族谱称：东汉桓帝时，蒋嵩封平都侯，因镇抚南邦，过"道县而遂落其焉"。大门镌刻的楹联则更让人震惊："道德文章双进士，宜山圣水两侯王。"颇是引以为傲。

柏氏祠堂建于清乾隆年间，门前一块坪地，坪地上靠近月池一旁立有四对拴马石。大门上有两圆，一是乾隆乙酉岁拔贡生圆，主人是柏槐；一是嘉庆丁丑岁柏忠清的进士圆。柏忠清是柏槐的儿子，村里人说柏槐本是与后来的清代大书法家何绍基一同进京赶考并同时考取进士，后因家母去世，在家守孝 3 年，故未能进入仕途。

其实这种说法有误。查资料，何绍基是于丙子年应京兆试，何绍基考取进士是清道光十六年（1836）。至于做不做官也另当别论。在封建社会，考取进士也并不是都有官做，还要有人引荐，其中的官场游戏规则也是大有学问。蒋家祠堂比柏氏宗祠略显气派，门前有十一根旗杆石，为清乾隆、光绪、宣统年间立，据说出过十一位进士，但考取进士后都没有出去为官，均为乡绅。也许做一个乡财主比做一个小县令自由得多。

现在，古龙村渐渐地远去，不过这里的后人并没有忘记先祖，他们在村前修了一座高大气派的门楼，两旁的对联恰到好处地概括了龙村的地理、历史及人文风貌："龙溪绕村流侯王故里山水秀，穆岭镇关隘进士家乡人地灵。"

道县 龙村 祠堂 旗杆石

道县 龙村 龙吟学堂

　　龙村蒋氏"龙吟学堂"，建成于民国十八年（1929）。看得出来，虽然是传统中式建筑的四方四正，但色调及窗户已有外来西式建筑元素，这应该属于见过世面的文化人引入的。村子的北面有座柏氏学堂，民国二十四年（1935）修建，高大的风火墙上写着"秀起人文""有龙则"的楷字。

道县 龙村 宅院

道县 龙村 宅院

道县 龙村 宅院

　　龙村最大最有名的院落："裘临。""裘临"一词源自宋度宗《授衣》"从来人事顺天时，九月才更即授衣；可笑萦裘临岁晚，履霜犹自未知几"的诗句。院前一堵风火墙围成一个整体，两栋高耸的连排建筑，有飞檐和檐裙，很是气派。檐下有"朗团秋月""阳春挹蔼"题字，白底蓝字，色彩光鲜。

　　院落门框均为整块青石架成，刻有精致的花纹和对联："储天地太和之元气，诒子孙乍宅以安居。"横联："维德之基。""四桂齐芳仍藉菊松光四径，双星并灿直将极婺颂遐龄。"横联："松径余庆。""枕口基德千年固，富贵先开一品红。"其中有一字无法辨认。此外，有青石雕琢的万养台、石柱、水缸等，一直沿用至今。

道县 沙田村

沙田·何家聚落

在湖南所有的县（含县级市）中，就历史文化积淀而言，当数湘南的道县。无疑，道县属中国历史文化名城。由于社会变迁实在太快，2010年我去道县古城，已看不到太多的历史遗迹了，仅留下三处，不过仅这三处也足以说明道县的历史了。一处是南城门和古城墙；另一处是寇公楼，即宋代两朝宰相寇准被贬道县修的楼宇。

还一处是恩荣进士石牌坊，400百年前由道县名士何朝宗修建。据说何朝宗在道县几乎与理学鼻祖周敦颐、清代大书法家何绍基齐名。何朝宗是道县沙田人，明万历庚戌年（1610）进士。

在道县，有关不少何朝宗的流传故事，尤其是在他的家乡沙田村更是家喻户晓。何朝宗从小丧父，知书达理的母亲带着他从几十公里开外的沙田搬到县城书院附近，一边纺织做工，一边督促其求学，终于考中进士。随后，他分别在广东三元、海丰任县令，后升都察院、户部侍郎等官职。

何朝宗为官后，于明万历四十六年（1618）在道县城中修建了这座恩荣进士石牌坊。牌坊位于道县寇公街，高11米，宽6.6米，四柱三门仿木结构建筑，全用麻石建成。有斗拱、丹凤朝阳、双龙戏珠、八仙过海等图案。

在道县的古村落中，沙田村很大很古老却鲜为人知，有700多户3000多人。因田地多含泥沙，故名沙田。自隋唐建村以来，已有1000多年的历史，全村人姓何，为同一祖宗何万九的后代。村中有何氏宗祠总祠和6个分祠，可见后代之发达，人丁之兴旺。

沙田的老宅很多，最早的建筑可追溯到明代，又以清代居多，共200多栋。青瓦白壁马头墙，鳞次栉比灵飞檐，既具有明清江南建筑的风格，又凸显湘南民居的地域特色与文化神韵。以天井式院落为特征，内部穿斗式木制构架围以青砖高墙，俗称"四水归堂"，暗喻"肥水不流外人田"；正面多用水平形高墙封闭，两侧山墙呈阶梯形的马头墙，高低起伏，错落有致，黑白辉映，具有空间感和韵律美。

沙田村里读书风气很浓，历代都有人考中进士在朝廷为官。听这里的老人说，过去村口立有100多对明清以来的旗杆石，何朝宗仅是其中一对。还有皇帝御赐的何氏贞节坊。由于年代久远，如同这个古村的衰落一样，许多早已不复存在。不过何氏宗祠总祠依存。总祠很小，如一栋平房，是300年前修的。

坊体倾斜
请勿靠近
道县文物管理所

道县 何氏牌坊

道县 沙田村 古街

　　道县何氏牌坊即恩荣进士坊，俗称"石牌坊"。坊柱东西宽6.6米，高11.1米，通体用青色细麻石仿四楼四柱三重檐的木式结构透雕而成。其间梁枋、匾额、斗拱、雀替分别采用浮雕、圆雕、镂空雕等艺术手法雕饰，有鳌鱼双对、游龙戏珠、丹凤朝阳、八仙等人物故事及各种传统花卉图案。边柱对夹云头石鼓，正柱前后两对石狮南北拱卫，神威凛然。坊上横额有三，上刻"恩荣"，中刻"春官上第"，下刻"庚戌科进士何朝宗"。

道县 沙田村 何氏宗祠红门楼

　　沙田有七座明清古祠堂。最早的太和堂，始建于明初何氏第十四代孙何佺、何献、何珂。明天启五年（1625），何珂的孙子，进士何朝宗第一次修缮，并作有《何氏祠堂记》。清康熙庚寅年（1710），再次重修。除太和堂外，红门楼、黑门楼也都始建于明末，其他的珂门楼、献门楼、佺门楼、狮子楼等祠堂始建于清康熙、乾隆年间。

道县 沙田村 宗祠大门石刻　　　　　　　　　　　　　　　　　　　　　　　　道县 沙田村 宗祠大门石刻

　　何氏宗祠红门楼祠堂门前一对"加官进禄""荣华富贵"的石鼓很
是威武，两边的对联更是彰显何氏一族不凡的文化底气："昭代文章府，
历朝甲第家。"

道县 小坪村 宅院 碉楼

小坪·廖姓一族

道县清塘镇小坪村位于都庞岭的大山脚下，在村口首先看到的是一座古门楼，大门外形像牌坊又似木楼，老人们一说是进士牌坊，一说是老城门楼。

经年累月的风吹雨打，已经让大门木皮外漆斑驳，粗犷的原木尽显着岁月沧桑。跨过不知道多少寒暑的门栏，无论它原来是什么样，都不由使你心生敬意。

过了门楼是一宽阔的下坡石阶，石阶两旁是成排成列的拴马石，仔细数数，有八对之多。这些拴马石上分别刻有清同治、道光、嘉庆等年间的进士、拔贡名字和身份，并且这些拴马石均按所取的功名、官职大小和高低设置摆放。摆放的位置也有讲究，是在向世人炫耀科第、仕途和功名的荣耀。可见小坪村也是个出人才的地方。

《道县志》记载，小坪立村已有1400余年历史：唐武德四年（621），以永阳、营道二县置营州，并为州治。唐贞观八年（634），改南营州为道州。小坪当时就是州县治所所在地，为湘桂古道必经之地。唐天宝元年（742），州治、县治迁于现道县濂溪街道，小坪从此开始冷落。仔细寻觅，村里的有些地段还能看到古郡治城墙的遗址。直到宋宣和二年（1120）廖氏太祖迁居至此，小坪才逐渐得以恢复，并延续至今。这里的居民都是廖姓，为廖姓大聚落，宋太平兴国年间（976—983），廖氏先祖从山东青州迁居于此。

坐西朝东的小坪村，中间是一个大禾坪和月形水塘。以水塘为中心依序排开的是百十栋古老民居，这些民居建筑组成一个个院落，院落按二横二纵或二横三纵布局，巷道均用宽大的石板铺成，所有房屋基础均为大条石，许多人家有石阶，大门为石刻并有石刻浮雕，各家的门、窗均有装饰图案。

村前有一口水质很好的古井，叫"五口连井"，每一口井有每一口井的用处。井旁有一条小溪，一棵睡卧着的古樟树很大，树的一枝从主树干上撕裂开后，倒卧在小溪上的石桥边，成为一座巨大的树桥。也不知这树生长了多少年，大自然的奇妙生命竟是如此的百折不挠。

在这里，一套清光绪庚子年（1900）的《廖氏族谱》让我眼前一亮，这是我见过的最大版本的古线装族谱。族谱记载，在元至正五年（1345）编修了《春陵廖氏族谱》，后来的历朝历代都有续修，历史记载甚是完整，让人感觉小坪村是名副其实的千年古村。

翻开泛黄的《廖氏族谱》，翔实得让人赞叹：小坪村的山川地貌、历史沿革、宗族迁移、族群分支等，上下数百年可谓是无所不及。其中有七条家族家训更是细致，我当场进行了抄录：一、敦孝悌；二、睦宗族；三、修祖茔；四、务勤俭；五、训子侄；六、和邻里；七、急输将。族谱记录了廖氏族群的漫长历史。一本古老的族谱，如同一部史书，沧桑与厚重，堪称中国家族历史与伦理道德版的一个缩影。

道县 小坪村 宅院

道县 小坪村 老宅 天井照壁

　　在村的中心巷道内的最高处，保存着一座碉楼，当地人说是炮楼，登上炮楼，可以眺望四周，只是现存的这座古炮楼顶部已经坍塌。村里的许多民宅，因年代久远失修，已无人居住，保存最好的是一座有"福"字照壁的大院，里面还住有人家。

道县 楼田村 濂溪故里

楼田·周敦颐故里

道县楼田，我是慕名而去的，那是宋明理学开山鼻祖周敦颐的故里，是无数崇尚理学的思想者或入湘为官的有识之士心生向往之地。

出县城西行大约 6 公里就到了楼田，村口有一座仿宋大牌坊，横额上镌刻着"濂溪故里"四个大字。两边石柱一副对联让人深思："周庭举世皆尊，元公哲学，鲁迅文章，恩来开国总理；风景这边独好，濂水湛蓝，都庞苍翠，道岩湘南奇观。"此对联把鲁迅和周恩来都拉进去了，后听听原来鲁迅与周恩来都是周敦颐的后裔，这是今人拉大旗作宣传，不过也没有什么不好。

楼田西靠道山，东面和南北面是田野，过去是沼泽，故盖房时须先打桩，楼田因此而得名。村中的古建筑虽不像道县有的古村落那么大气，但成片的古民居很有规模，灰顶飞檐，亦显古朴。小溪、古井、石板小巷，还有石墩、石槽等，都深深地烙上了宋、元、明、清的历史烙印。

周敦颐故居就坐落于其村落。史料记载，故居始建于北宋初，一栋老式二层民居。由于年代久远，我去时正好对故居重建，拆除了些旧民居，包括周敦颐故居老宅。当地旅游部门人说会按照"仿古如古、修旧如旧"的原则重建。2013 年我再次来到楼田时，故居已经全部翻新，前面修建了个不算小的广场。

楼田的自然景观很美，人文景观不少，有象征文运昌盛的文塔，周敦颐少时游玩命名水、火、金、木、土的五行土墩，周敦颐吟风弄月的大富桥，各代名人贤士驻足濂溪故里的题刻，村民收藏的皇上御赐珍品，还有保存完好的周氏族谱，以及遍布村间的碑刻、荷花池塘等等，数不胜数。

建于南宋淳熙七年（1180）的濂溪书院暨濂溪祠很是古老，98 根硕大莲花座石柱，房舍飞檐角，气势非凡，半月形荷花池如月随影，平添了几分书香气。祠前有一门联："心传承孔孟，道学启程朱。"祠内有历代大学者们的楹联。朱熹所作的"千年道学兴吾宋，万世宗师首此翁"特别抢眼。还有"万世宗师"匾额，以及文学家黄庭坚、苏东坡等仰慕周敦颐的诗词，等等。

离开楼田，我在想，周敦颐创立了千古不朽的理学，却得益于后来众学者们的传播与传承，尤其是湖湘学者，他们秉承濂溪思想，并逐渐衍化成湖湘文化的基因，氤氲着三湘大地，让湖湘文化代代相传，熠熠生辉。

道县 楼田村 月岩 内景

道县 楼田村 月岩全景

　　月岩远远望去是一座山，又像座城堡。山里面有一大溶洞。洞内峭壁千仞，东西两洞门对峙，朝头上的洞看去，开始是一弯"眉月"，往前走是上弦的"月亮"，到了洞中是一轮"皓月"，继续往前走，则成了下弦的"月亮"。洞中摩崖上镌刻着历代墨客骚人的题字，如"理学渊源""乾坤别境""风月长新"等等，还有《爱莲说》石刻全文。明代地理学家徐霞客曾来此游历，并在洞中住过，赞叹："永南诸岩殿最，道州月岩第一。"

　　道县"八景"之首的月岩，传说周敦颐14岁时曾在此读书。明代地方志说周敦颐受此岩洞的启发，而悟出了"太极"的哲学道理。怀着好奇的心境走进月岩，果然如仙境。

周敦颐（1017—1073），又名敦实，号濂溪。儒家思想的先行者并把儒学推进到另一境界。其一生官做得不大，知县、判官等，但所到之处，为官一地，建学堂，授生徒，提出了光照古今的理学思想。

可以说周敦颐的《爱莲说》在中国几乎是家喻户晓。其传世的两篇主要学术著作《太极图说》和《通书》，总共不到三千字，却融合了儒、佛、道三家思想，提出了一个简单而又系统的宇宙构成论："无极而太极"，一动一静，阴阳万物。

道县 楼田村 周敦颐故居

道县 楼田村 老宅老人

　　周敦颐一生研究理学，他的《周元公集》《太极图说》《通书》被后人编成了《周子全书》。他通过"一"与"万"的关系问题，把本体论的哲学争论推进到一个新的阶段。他所提出的无极、太极、阴阳、五行、动静等理学基本概念，为后世的理学家反复讨论和发挥。他 56 岁辞官归隐庐山莲花峰下，还将无名小溪命名濂溪，建濂溪书院。然而，周敦颐被朝廷封谥褒奖却是在他逝世的 100 多年之后。

道县 楼田村 老宅

楼田宅院门题"仁义家风",是周敦颐后人们对莲花洁身自爱和高洁人格品质的传承与续写。

周敦颐最初的 15 年是在楼田这片土地度过的,这里留下了他一串串志存高远的足迹,对他后来的品格修养与儒家哲学思想产生了深远的影响。村前有一大片的荷花,夏日里争相绽放。周敦颐虽已远去,但仁义家风与廉洁品行一直在这里传承与传颂。

道县 田广洞村

田广洞·陈氏聚落

田广洞位于道县南部祥霖铺镇，田多地广，取名田广洞。从村子的主楼进去，是一个功德亭，原先这里挂有四块进士匾。过了亭楼是青石巷道，两条主纵巷道，十多条横巷道。两旁是红砖房，巷道深处，有几幢明代的房子，已经破烂不堪，保存最好最完整的是一栋清代的房子，大门上方写着"万古世泽"四个字。

田广洞先有陈姓人家，后有郑、义、范、郭姓等，陈姓居多。村旁水塘边有一块1米多高的石碑，石碑刻录了陈氏先祖在这里安家娶妻及后代繁衍的故事。田广洞原叫填光洞，陈氏先祖于元末明初迁移至此，先建老屋，后建新宅、龙头宅等宅屋。

据说陈氏先祖原居住在道县城郊，有一天来到此地，见这里平坦，土地肥沃，三兄弟就一起搬到此地。渐渐地这里成了道县有名的富庶之地。富裕起来后陈家送孩子读书，走仕途之路。后来出了四名进士，分别在陕西、河南、开封府等地为官。让田广洞远近闻名的是村外头的那个叫"鬼仔岭"的地方，散落着大大小小数不清的、被当地人称为"鬼仔仔"的石人像，而且许多东西至今并未揭开，还是个"谜"。

如此众多的石像，究竟出自何时？作什么用？人们一直在推测。有专家认为，鬼仔岭的石像百分之九十以上在秦汉以前制作，一部分于秦汉魏晋时期，一部分是唐宋元时期所延续。也有人说，田广洞境内的鬼仔岭遗址属祭祀遗址，或与相距不远的宁远县的舜帝陵有关。也有推论，鬼仔岭很可能就是舜帝的真正墓葬。

有关记载都提到，舜帝曾南巡至今天的道县，并在九疑山建有舜帝陵，但舜帝死于何处到今天仍然是个未解之谜。有关人士分析，司马迁《五帝本纪》中记载有"舜南巡狩，崩于苍梧之野，葬于江南九疑"。如果舜帝死于九疑山，司马迁就会省笔为"崩于江南九疑，遂葬之"。而不会提到苍梧，而苍梧在今广西东南。把一个死人从广西东南部千里迢迢抬到湖南南部山窝窝埋葬，不要说是古时，即使是现在交通比较便利的情况下也很困难，况且若是死于苍梧，司马迁不会再用"之野"的措辞。

还有这样的记载：东河瑶山（今道县境内）是舜帝南巡和他人生旅途的最后一站。舜帝从这里到九疑山经历山连着山的苍茫旷野，把时光倒流4000年，舜帝已经是百岁高龄，年迈龙钟，如果碰上隆冬酷暑季节，或风雨交加，死亡的危险性之大不言而喻。该分析结论最终把舜帝死亡从苍梧之野再缩小到离鬼仔岭不远的东河瑶山。

既然一切都是个"谜"，考古工作者还在继续不断地对鬼仔岭进行全面的考古发掘，是否能找到舜帝墓葬坐落于此的更多证据，这一系列谜团有待日后揭开。

道县 田广洞村 石人像

　　沿着村旁弯曲小路走过几丘田埂，便来到铜岭山脚下，只见一片茂密的树林，高大的常青树遮住了天空，山坡下有一终年不断的泉水井，一直流向田广洞。人们把这井叫"鬼仔井"，井边有一山岗叫"鬼仔岭"。过去有一座神庙，供奉着香火。

　　中国石刻博物馆和湖南考古研究所的专家们 2010 年对此进行了调查统计，初步认定，这里的石像数目将超过万尊，比世界第八大奇迹的秦始皇兵马俑的 7000 多尊数量还多，也是迄今为止在国内考古调查发现的数量最大的人像石雕群。

道县 田广洞村 石人像

旁边立有两块麻石碑,《陈氏族谱》均有记载。这两块石碑为清乾隆和光绪年所立。一块碑文字迹已有些模糊,但可以看到上面一些文字,如"有见全身者,有见半身者,有只露其眉目者,而最奇者在树上,余始见而叹奇……"另一块石碑是当地一个秀才写的一篇游记,对这里的奇景进行了详细的描述,记载了一些与这些石像有关的传说。

田广洞石人像千姿百态,高的1米左右,矮的只有二三十厘米,最小的仅有4至9厘米。其姿势各异,神态万千,文官、武将、士兵,甚至孕妇,等等。其制作工艺十分罕见,造型夸张。这些石像大多散落在地层表面,也有的在地下2米深处。在一个面积不到1.5平方公里的范围地面上,居然发现上万尊石俑,不能不说是世界一大奇迹,人说可与北部的兵马俑媲美。

道县 田广洞村 鬼仔岭 石碑

道县 田广洞村 石人像

道县 田广洞村 鬼仔岭

道县 田广洞村 石人像

道县 田广洞村 石人像

新田县 河山岩村

新田县 河山岩村

河山岩·骆家望族

新田县金盆圩乡有一个同宗同族的骆姓望族，分别居住在两个村落，一个是骆铭孙村，一个是河山岩村，两村相距仅2里路。《骆氏家谱》记载，骆氏先辈于明初洪武年间来到骆铭孙村，留有20余栋明清时期的建筑，只是大多已经破败，河山岩村却保存完好。

在湖南省第三次文物普查中，新田县文物所给主管部门提供了一份资料：当地有一个传说，明洪武年间，太祖朱元璋的太子长孙8岁无疾而终，太祖问方士，方士说，如再得一男，必独乳奶妇哺乳之，方得太平。太祖遣官吏四处寻访，当寻到今湖南新田县骆铭孙村时，果有一独乳妇人，名为三姑，又刚生骆姓一小儿叫骆寄保。官吏便带其与骆寄保一起来京，与新生皇太孙一并哺。这个皇太孙就是后为建文帝的朱允炆，皇帝感谢三姑的哺育之恩，封三姑为一品夫人。

《骆氏族谱》也有骆寄保与他父亲、母亲、弟弟的记载：以诚公（骆寄保之父），生于元至正九年（1349），明洪武戊申年（1368）任千户侯，随征明太祖阵战而亡；姚邓氏（骆寄保之母）生于元至正十一年（1351），殁于明宣德三年（1428），生二子，长子寄保，邑武生，成祖时招募乡勇扫荡元氛，以军功赐爵千户侯，卜居京都顺天府瓦窑头……

族谱记载，骆氏诸代人中，官吏名士甚多。村中有一骆安公牌楼，楼上有"锦衣总宪"匾额为万历御赐，其显赫声望自然而知。锦衣卫在明代地位极高，拥有生杀予夺大权，骆安"掌任务奉沼狱一切遵行朝廷宪典"，"以弼成一代英明"。其子孙一直享受世袭爵禄。据说北京瓦窑头骆家就是这一家族繁衍的子孙。

河山岩村是从骆铭孙村搬迁出去的。道光十二年（1832），骆铭孙村有骆氏五兄弟寻觅新址。当时他们在河山岩山洞的三个岩洞处见清澈的泉水从山洞流出，再看这里三面环山，便在此奠基定居，并取名为河三岩，发达之后于道光十七年（1837）即大兴土木，修祠建村，至今已繁衍子孙10代。

门牌飞檐斗拱、气势恢宏的骆氏公祠，牌楼上"楚南望族"四个楷书大字大气磅礴，显示出骆氏家族的显赫地位。公祠后有戏台、大厅、神坛。梁柱皆由粗壮笔直的硬木构成，柱撑上有木雕花纹，柱础上有麒麟龙凤、珍禽瑞兽和戏剧人物图案浮雕与绘画。

新田县 河山岩村 巷道

新田县 河山岩村 民宅转角石雕

　　这确是一块"风水宝地"，一条3里长的水渠绕村而过，村中井水汇成溪水潺潺，即使是大旱之年也长流不竭。河山岩整个村落为"七纵四横"的格局。七纵四横与村中的公祠、房舍、私塾、巷道、排水等连接，设置、修建得十分缜密。房屋与房屋之间，纵横交错的巷道将古村宅院各家各户紧密相连，一块块平整光滑的青石板被岁月打磨得锃亮。小青瓦，马头墙，40多栋清代古民居风格一致。

新田县 河山岩村 民宅转角石雕

　　河山岩每栋房子大门或转角以及抢眼的位置均有三门刻与木雕。大门正上方均安着两个圆形木墩，很像龙头的一双眼睛，上面有风水八卦图案，也有福禄寿喜等文字及格窗花雕。门楣上方刻有龙凤呈祥图案，屋檐下还有各色彩绘与石刻，如"斩美案""罗成降唐"等，把民间故事和传说雕刻得惟妙惟肖。

新田县 河山岩村 民宅转角石雕

　　转角石雕是河山岩有别于其他古村落的最大特色，栋栋都有，随处可见。几乎每栋房屋转角处都用一整块大石头镶嵌且刻有图案，不仅外墙如此，室内堂中亦如此。转角雕一般高 1.1 米，宽 0.8 米，上面雕有各色各样的图案，花鸟鱼虫、飞禽走兽、民间故事等。

新田县 河山岩村 "三寸金莲桥"汉白玉石板桥

"三寸金莲桥"，在村北的一条小溪上，是我见过的唯一如此特殊造型的桥梁。说是桥，其实就是一块2米多长、1米多宽的汉白玉大石块，横架在溪流之上，桥下有溪水流淌。三寸长的阴刻小脚印模显露在汉白玉中间。骆村主任说，这桥叫"三寸金莲桥"，过去骆家大院的姑娘出嫁都要经过这座桥，并且要下轿量一量自己的脚，若大了就嫁不出去。

新田县 河山岩村 石刻 公平秤

　　走进一户人家，门墩和门槛正面饰以精美镂空的门楣和门簪，两边为阴阳两刻石雕。室内的角雕，左边是双龙和摇钱树与达官贵人，右边是单凤和元宝与贵夫人。形象生动，神形兼备，栩栩如生。

　　另户人家门前的石雕更有历史与文化意味，一边是摇钱树，一边是公平秤。图案雕刻极其精细，钱币上面有明代和同治、道光、咸丰年间的字样，银锭分别有十五两、二十两、三十两，砝码生动逼真，刀法细腻流畅，凸显出湖南人公平正义、秉公守信的善良本性与传统美德。

新田县 骆铭孙村 宗祠 戏台彩画

新田县 骆铭孙村 宗祠戏台

新田县 骆铭孙村骆安公牌楼 "锦衣总宪" 牌匾

新田县 骆铭孙村 "楚南望族"骆氏公祠牌楼

　　河山岩村发源于1公里外的骆铭孙村。这是骆铭孙村骆氏公祠。公祠前门牌楼结构复杂，制作精美，飞檐斗拱，气势恢宏，牌楼上"楚南望族"四个楷书大字大气磅礴，显示出骆氏家族的显赫地位。民居里留有很多历史文字，骆氏族谱、匾额和对联等。有万历御赐的"锦衣总宪"牌匾、清同治年间的"积厚流光"匾额。壁照与大门均有楹联，如："楼环水月风楹座，座楹风月水环楼。""名高四海肇启文明，勇冠三军宏开甲第。""留客纵谈家国事，飞觞难尽主宾情。""有德乃堪名陋室，安居何必架高堂。"

　　骆氏公祠为骆铭孙村三座明代建筑之最，占地一亩多，前有天井、戏台，后有大厅、神坛，两侧为厢房。梁柱皆由粗壮笔直的硬木构成，柱础上麒麟龙凤珍禽瑞兽图案浮雕神形兼备；柱撑上木雕花纹形象生动，刀法细腻流畅。

　　河山岩还有许多的故事，除了明代"三姑乳娘"的故事、锦衣卫的故事，还有现代百岁老人风雨一个世纪的故事，一家三兄弟一个加入共产党、一个参加国民党、一个在乡务农，三个人三种不同命运的故事，这些故事有的雕刻在石头里，有的镌刻在人们的心里头。

汝城县 石泉村 洋楼

石泉·胡氏大家

去湖南最南部的汝城县石泉村是因为那里有几幢西式洋楼。一个湘南偏僻的山村居然伫立着六幢洋楼，不得不让人惊讶，它无疑是在静默地讲述一个绮丽又动魄的故事。

石泉位于汝城县马桥乡，600年历史、130多栋明清建筑、2400多位胡姓人居住，自然属于大聚落。过去这个村出了两个算是有名的人物，一个是东汉的尚书胡腾，《后汉书》及《桂阳直隶州志·人物志·胡腾列传》均有记载。胡腾从小师从窦武，初辟荆州部南阳从事，灵帝初，窦武为大将军，辟为府掾，坐受党锢，解禁后官至尚书。胡腾因护驾肃官、敢于挑战权贵歪风、义立师门、冒死保全忠良后代的智勇忠义举止，深为朝野敬重。

另一个是《毛泽东选集》提到过的土地革命时期的地方恶霸、"湘南王"胡凤璋。胡凤璋曾任蒋介石国民革命军第一游击中将司令、汝桂警备团团长，是湘粤赣边界武装力量最强的土匪，传说他有六个老婆，所以在1933年修了六幢洋房子。

这六幢民国时期带洋味的中西合璧建筑就在村口，门朝北向，砖木结构，三层青砖瓦房，由六栋正房、厨房、柴屋、巷道、空坪组成标准的四合院落。六幢规模相差无几，且单独成栋，围成院落。幢与幢之间既独立又有木制走廊相连，并在每栋楼房的角落都设有枪眼。这六幢建筑虽然差别不大，有欧式风格，但整体为中式砖木结构，青砖青瓦，造型雅典美观，门坊、柱础、斗拱、窗棂等均有精美的雕饰。墙上还保留了土地革命战争时期红军和"文革"时期的标语。

石泉村始建于宋朝末年，因胡氏先祖淑政公号石泉，所以以其号名之。根据《胡氏族谱》记载，胡淑政由江西吉安府胡氏辗转多处来汝城石泉。他居下湾，上湾住的是其弟淑行，后来不断繁衍，二者相连，都归属石泉。胡氏族谱《世基图衍说》中显示，"两山对峙，中开如门，外横一障为平半山，与祠堂对形若屏风……"

石泉村前面对三座青山，一山高于一山，寓意步步高升之意。村子左右各有一山，谓之左青龙，右白虎，风水甚好。布局似"卧虎"，"其尾从乾方伸至坤方，两后爪伸至离方，两前爪伸至巽方，头卧艮方"，胡氏宗祠地处老虎的心脏部位，从高处俯瞰，胡氏显然是一个大族群。

石泉除了那六栋洋楼，还有许多的民居建筑，它们都比那几栋洋楼古老得多，其间还有不少纯砖木结构的土坯房子，大多已有百余年的历史。这些民居围绕着宗祠，分成三块，排列有序。主要有三种类型：一是单体青砖二层楼房，二是单体青砖三层楼房，三是院落式住宅。民居内部朴素无华，十分内敛，门坊，石额，墙裙，柱础，梁柱间的斜撑、斗拱、额坊，以及屏风、窗棂和门楣，都有精美的雕饰，风火墙和飞檐上的砖雕，天井和台阶上的石雕，门窗和屏风上的木雕，多为祥瑞之意，人物鸟兽栩栩如生。

所不同的是，这里的建筑屋顶尖角和马头墙不再是高高翘起，已转换为广东、江西客家特色质朴的平缓斜坡。

汝城县 石泉村

汝城县 石泉村

汝城县 石泉村 石刻

汝城县 石泉村 石刻

石泉村的房屋建筑规模宏大，装饰考究，水磨青砖清水墙，青瓦覆盖硬山屋顶，屋墙全由青砖、青石板、石灰砌成。正门前均安有门簪，门簪上均饰有龙凤呈祥图案，如大门两边"天官赐福""加官进禄"的石雕，雕工精细，形象生动。

汝城县 先锋村 "圣旨" 门题

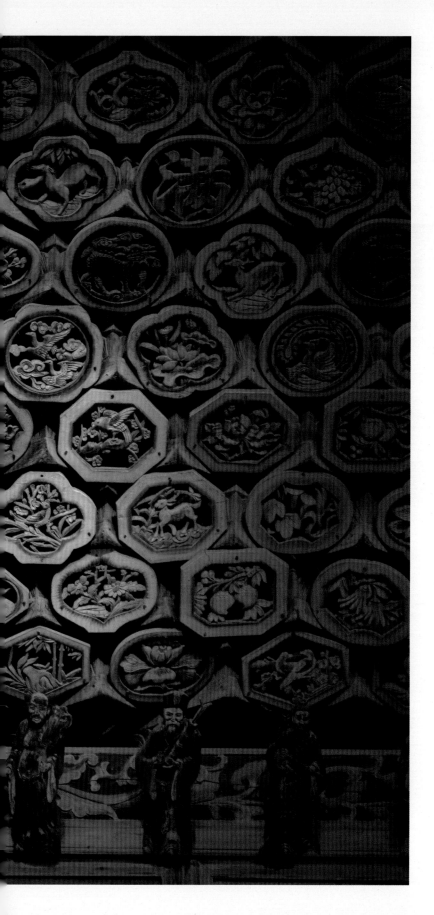

先锋·周家一族

在湘南汝城县古村行走，发现有两样东西深深地根植于这片乡土。

一是村村都有的古祠堂文化。古祠堂几乎遍布了汝城县每个角落。祠堂延续的是一种族群血脉，更是一种本土文化，放大看是民族文化的一部分。"祠堂"这个名称最早出现于汉代，当时祠堂均建于墓所，称"墓祠"。

南宋朱熹《家礼》立祠堂之制，从此称"家庙"为"祠堂"，当时有等级之限，民间不得立祠。到明代嘉靖年间才"许民间皆联宗立庙"，自此步入祠堂的繁盛时期。祠堂建筑脚步，直到1949年才戛然而止。现在祠堂又开始兴起。祠堂的兴起并非一件坏事，它是族群文化乃至传统文化的延续与传承。

先锋村周氏宗祠甚是古老，始建于清康熙初年（1662），并且和汝城许多的祠堂一样，儒家思想的烙印深深打在了祠堂建筑上：从外表色彩来看，青砖黛瓦，以青灰色为主调，清淡而朴素，是儒家"布衣白屋"思想的体现，是"不要人夸好颜色，只留清气满乾坤"的人生哲学的执意追求；表现在造型上，方方正正，稳重、踏实、端正，是儒家传人堂堂正正做人、凡事讲究礼仪的品德规范的物化；与冲出屋面的马头墙，形成块面与线条的强烈对比，既简洁又明朗；表现在布局和空间排列上，全村围绕祠堂而建，祠堂居于中心统治地位，前栋不能超过后栋的高度等。

二是理学开山鼻祖周敦颐的濂溪文化，几乎是家喻户晓。周敦颐为湖南道县人，宋仁宗康定二年（1041）至宋仁宗康定五年（1044）在汝城做过县令，并写下了一生代表性的传世之作：《太极图说》《爱莲说》。在汝城县城的濂溪书院，听到讲解员对《太极图说》侃侃而谈；在汝城县北部偏远的永丰乡先锋村周家祠堂，听到了孩子们《爱莲说》的朗读声，"崇理尚德"，在这里代代传承。

这里的老人说，他们是周家族人，与周敦颐同根同脉。始迁祖辂公，字万二郎，宋宁宗年间自江西吉水县泥田随父入湘，开基于汝城县和平乡永丰，至解放前已传至28代。当地人是不是与周敦颐同根，无法考究，但周氏族人却一直以周敦颐自傲，政府组织的纪念濂溪先生的重大活动也曾在此举行。

"吾道南来，原是濂溪一脉；大江东去，无非湘水余波。"清朝湘籍著名学者王闿运的一句名对，既道出了湖湘文化的渊源，又阐明了濂溪理学对中国千年传统文化的深远影响。在汝城这个偏远山区，濂溪理学竟是如此盛传，可见湖湘文化根植于这片茂盛的土地。

祠堂前为拜坪和半月形水塘，祠堂面阔三开间，由门楼、前厅、中厅、后厅、天井组成。正中开一大门为门正，以纳正气，两侧各开一对称小门。门板上有形象高大威猛的彩绘门神，以体现神灵护佑。最醒目的八字开门的墙壁上"忠、孝、节、廉"四个大字为大理学家朱熹手迹仿体，字迹尤显苍劲有力，入木三分。

先锋村有一座很有名的古牌楼，上面写着"诏旌第"三个字，是周氏族人为尊宗敬祖于明朝成化十八年（1482）所建。"诏旌第"上面是八仙木雕，左边是周文王请姜子牙、右边是皇帝坐朝的木雕故事。门楼两侧内外有楹联："世德千秋重，君恩万代荣。""道统传姬旦，心传接濂溪。"门楼如意斗拱正中镶嵌一块皇帝所赐的"圣旨"牌，其为纪念朝廷旌表周氏九世祖周如尧"捐粮千担，赈灾济贫"的义举。

一座古祠堂就是一部家族史。在中国古代社会，"皇权不下县，县下惟宗族"，祠堂就以民间自治或宗族自治形式，填补了统治者地方管理的部分空间，充当了以治卫道的阵地。受儒家文化影响，各祠堂以"仁、义、礼、智、信"等教化族人和后代。到宋朝时，理学鼻祖周敦颐在汝城治县，大力发展教育，弘扬理学，汝城人以"圣贤过化之地"自勉，许多祠堂因此把"忠、孝、节、廉"书于大门两侧或大堂上。尊儒崇理，影响了一代又一代人，自然也是当地一股永远抹不去的"乡愁"。

汝城县 先锋村 "忠孝节廉" 门题

汝城县 金山村

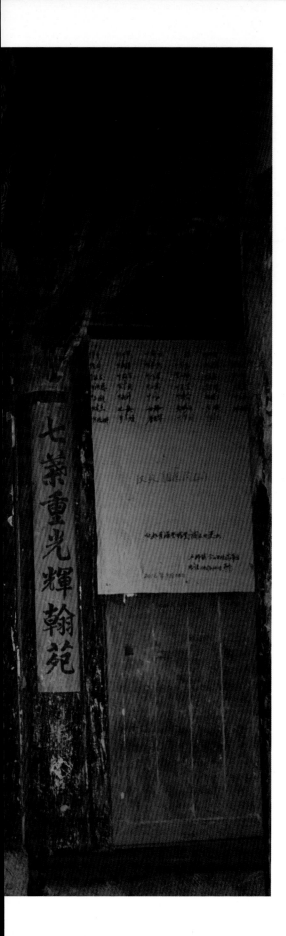

金山·三姓族群聚落

湘粤赣三省交界的汝城县，深藏着许多鲜为人知的古村老宅，这些古村老宅以祠堂为中心向左右两边或纵深建造。全县36万余人口，280多个姓氏，保留着始于宋元、盛于明清的古祠堂700余座。这些祠堂大小不一，风格各异，星罗棋布。村村有祠堂，姓姓有祠堂，有的村甚至有六七座之多，被誉为"古祠堂之乡"。

祠堂因家族聚居而建，既是族人供奉先祖、举办大型活动的公共空间，又是凝聚族人，光宗耀祖，延续列祖列宗"香火"，传承氏族历史文化的载体。在这些祠堂中，金山村的卢氏家庙、叶氏家庙、"南楚名家"最具代表性。

土桥镇金山村，800年前，叶、卢、李三姓迁居于此，有叶、卢、李等6座古祠堂，有保存完整的明清古民居90多栋。颇具神秘色彩的祠堂文化与以青灰色为主调的明清时期古建筑融为一体，被列为全国重点文物保护单位、中国传统村落，每一栋都渗透着湖湘古建筑、历史文化的遗风。

金山村叶氏家庙堂号称"敦本堂"，敦本务实、盘根念祖之意。祠堂门口上方悬挂着"叶氏家庙"堂匾，大门两边有一副堂联："世系由来根叶尹，家声自昔著崖州。"大概是描写金山叶氏的由来和根源。敦本堂由朝门和家庙组成，始建于明弘治元年（1488），"三开三进两天井"结构，后厅神龛五对隔扇，鸿门梁三层镂雕双龙戏珠，云水纹环绕，层层相扣，十分罕见。

卢氏家庙堂号为"叙伦堂"，前有一池塘，称"明塘"，寓意心明如水，象征积水聚财。始建于明万历三十三年（1605）。祠堂门楼额枋正中有鎏金阳文"南楚名家"榜书四个大字。原来卢氏起源于卢植为始祖的涿州卢氏，历朝显贵。大门框有一对联："高门迎晓日，望族重清明。"两旁各有一条叫"礼门""义路"的巷道，据说是仿文庙的建筑格局，颇有特色。

李氏家庙堂号为"陇西堂"，始建于明万历四十七年（1619），二进三间，由门楼前厅、后厅、天井组成。门楼为单檐歇山式青瓦布顶，三层风火墙，鸿门梁三层亦为镂雕双龙戏珠，梁枋正中用绿底金字书写着"李氏家庙"。家庙采用抬梁式构架，主楼单檐歇山式，飞檐宝顶，精雕细凿的泥雕、木雕、石雕，生动神似的彩绘，充分体现了明清两代乡村祠堂的建造艺术。

祠堂是古村落的"轴"，是古民居的"心"，是集祭祀、集会、议事、设宴、演戏为一体的综合性场所，也可以说是族群村民灵魂的寄托。走进一个个古村落，一个个古祠堂，仰望那高耸的朝门，高昂的如意斗拱，如山的马头墙和凌空飞翘的檐角，再推开一座座古祠堂那沉重的木制大门，仿佛走进一座集本土建筑精华与民族历史文化于一体的艺术殿堂。

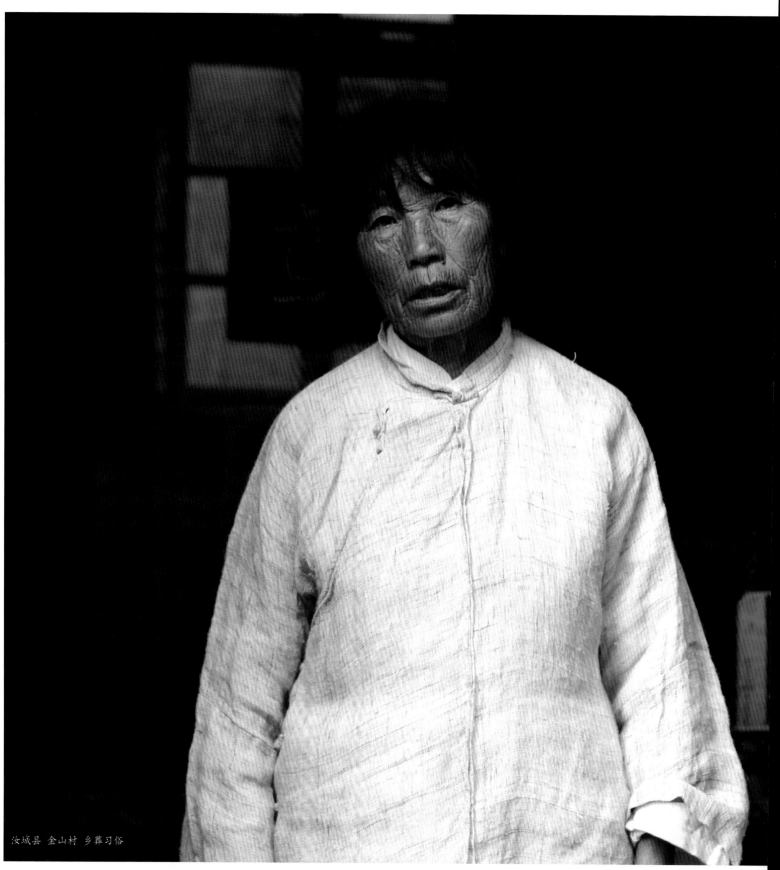

汝城县 金山村 乡葬习俗

120

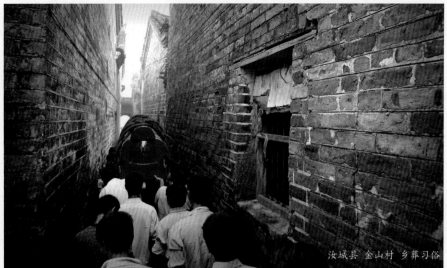

汝城县 金山村 乡葬习俗

汝城县 金山村 乡葬习俗

　　在金山村，正好巧遇村里为一位刚去世的93岁年长老者办丧事，四代子孙披麻戴孝，大红棺椁，吹打弹唱三天三夜，每天里的流水席不断。

　　那次，我在金山村足足待了三天，记录了整个祠堂里热热闹闹的场景和湘南古村出殡送葬的全过程：叩首、跪拜、读祭文、入土……我在想，这或许就是千百年来"忠、孝、节、廉"世代传承的一种乡村实情写照吧。

梅田·黄家聚落

有人说，湘南宜章县是古色的。这里有奇山秀水，千年古道，红色经典，然而让我驻足的是许多的历史文化村落：玉溪镇樟涵村、迎春镇碛石村、长村乡千家岸村、黄沙镇五甲村、堡城村、梅田镇梅田村、樟树下村、白沙圩乡桐木湾村、皂角村、腊元村，等等。这些村落我都一一去过，每个村落都有着不一样的历史、历史故事和历史遗存。

梅田镇梅田村距离县城较远，不过交通很是方便，就在省道324旁。据村里老屋壁上铭文砖记载，梅田村始建于清乾隆四十三年（1778），清道光至咸丰年间又有续建，逐渐形成现有规模。梅田最初为肖氏所草创，规模很小，后经黄姓族人在清道光至咸丰年间多次扩建而大致定型，并逐步成为以黄姓族人聚居的自然村落，最终形成现有的规模。村周长1.5公里，保存古民居150多栋，居住2700余人。

古时梅田四周圈有丈余高围墙，以防匪盗侵扰。由于清代大地会、太平天国农民起义运动诸多，以至湘南一带兵祸频繁，同时匪盗猖獗，侵扰百姓。于是，村里人为安居乐业筑墙自保，在各主要巷道修建了五个大门楼，村落四周再圈以高高的围墙，墙上布有枪眼，并在河边砌了一座三丈余高的碉楼。没有想到这些防御性建筑今天竟成了古村落的特有景观。

村北面有两座宗祠，三进两院，供奉着黄姓祖先义琳公、义瑜公两兄弟，长年香火不断。各小房头设有十几个分祠堂，分别纪念各自的先辈。宗祠的前面是绿地，给住房密集的民居隔出一些开阔的空间，使村落疏密有致，景观变化有序。

看得出来，这里村风纯正，村民淳朴，而且崇尚耕读，自古就有私塾、学堂，教后人礼仪为先，宽厚为人，勤于诗书，敬爱长幼。据说清咸丰、光绪年间梅田曾出过几名进士、举人，有的官至学台、县令。现还保存有多处进士石舫、进士匾额。民国年间还出过一位国民革命军中将黄湘。黄湘在抗战期间，参加过上海、南京、武汉、长沙、枣宜等会战。黄湘故宅一直有其族人居住，大厅正中仍悬挂"陆军中将"金字匾额，后人甚是以此为傲。

环视古村四周，群山、溪水、田野，似乎一切那么静谧，甚至一成不变。然而踏着百年的青石板，走进一栋栋老宅，似乎一切都在改变，不知不觉中，历史离我们或是近了，而现实却在我们的脚步中真真切切地远去。

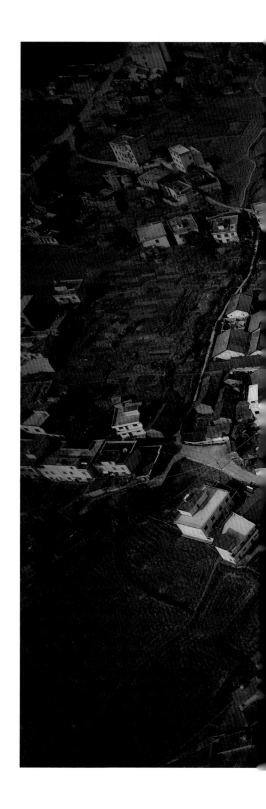

宜章县 梅田村 鸟瞰

宜章县 梅田村 宅院 巷道

宜章县 梅田村 宅院

　　梅田坐北朝南，依武水河而建。西北面的两条进村大路和南面溪流上小石桥相连，
整个村落地形呈椭圆状，墙体相连，布局合理，纵横皆有章法。有横街贯穿，横街两
侧为仄巷，形同鱼骨，住宅尽在巷内。所见者，宅门相连，高墙耸峙，巷道通达、宽
敞，青石铺地，且修有较为科学的排水系统。

　　梅田的民居是典型的青砖、青瓦两层砖木结构的清中晚期湘派建筑风格。结构
布局，对称严谨，采光合理，实用而经济，不求豪华气派，但风格古朴优雅。单脊硬
山顶，双垛风火墙，瓦面两倒水，户与户各分，墙与墙相连。门楣、窗格雕刻有精美
的人物、草虫、花卉图案，浮雕木刻古朴，石雕门梁厚重。

宜章县 梅田村 民宅

宜章县 梅田村 民宅

这里几乎有着一个个乡村家庭故事，所有的家什都堆集在一间不大的堂屋里，这或许就是平常百姓人家的生活写照。

走进一巷道老屋，见一灰尘满满的神龛，两边有一镂空楷书对联：祖泽千秋为礼乐，家风百世有箕裘。还有一老屋，见一老太太正在点火烧香。她说初一、十五都要给先祖上香，祈祷神灵保佑。

宜章县 堡城村 黄沙堡 北城朝天门

堡城·多姓氏聚落

明清以来，湘粤边境最有名的历史遗存，一是骡马盐道；一是用于防范匪乱军的三座古城堡：栗源堡、笆篱堡、黄沙堡。三堡呈三足鼎立之势，拱卫湘粤边境一带的安定。栗源堡、笆篱堡已经破败、荒芜，基本上不复存在，仅留下黄沙堡。

黄沙堡位于宜章县南部通往广东的要塞，因朝廷命军驻守，又均携家眷繁衍生息，便沿城堡建房定居，形成了今日的古村聚落。堡城村以城堡为中轴，东南西北四个门楼朝向设巷道，沿周围砌了两条横道，道路均由青石板铺就。城堡内有蔡、杜、萧、颜、程五大宗祠，说明这里至少有五大姓氏，还有庙堂、书院等。由于年代已久，城堡内过去的五大宗祠都已倒塌，书院也已荒废，学校是人去楼空，零星散落的几栋房子只有几户人家居住，大多已在城堡外建了新房。

《万历郴州志·兵戎志》对黄沙城堡有记载，他们最初是从湘东茶陵屯兵派来驻守此地。明永乐元年（1403），湘南西、莽二山瑶民起义，茶陵卫百户长陈立被派来镇压，事件平息后回茶陵。第二年陈立的五弟陈关被派来宜章黄沙防守，次年奉旨建造黄沙城堡："墙高二丈，厚一丈，纵横六十七丈，周围二百另四丈，计一里三分。"城堡呈四方形，有"穿城一里半，围墙三里三"之说。城堡开东西南北四座拱形城门，北城门上刻"朝天门"三字。

自从陈关被派此地镇守，后又陆续派来将官并被安排在城门的各个关卡，于是其子孙也在此安家落户。明朝灭后，黄沙堡屯兵面临瓦解，《宜章县志》记载，清顺治八年（1651），明朝副总兵曹子建造反，带兵数万，攻陷黄沙堡，南门陈关的后代伤亡惨重，随后逃亡四方。

尽管屯兵戍守的使命不再，但一部分屯兵将官的后代还是在城堡里住了下来，繁衍并成了这里的长住居民。据说由于城堡构筑的安全工事，一些达官贵人也住进了城堡里。原先城堡附近有练兵场，城门外还有护城河，要"挂吊桥才能过"，构筑了严密的防御工事。

由于历史原因黄沙城堡古村并非单姓一脉，而是多姓氏聚落。见一坐在城门前的姓蔡老人，已经101岁。他说他的祖先是屯兵将官中的12人之一，明永乐六年（1408）从茶陵携家带眷来到黄沙堡。解放后，城堡里的房子被再分配，后来人们又陆续搬出去，现在城堡到处是断壁残垣，只剩一座空城。

黄沙堡，这个名字容易让人想起万里黄沙、征战疆场的场景。历史总是在演绎着过去的故事，800年来，在湘粤边境的屯兵处也演绎了一段跌宕起伏的历史故事，并生出了一个历史文化古村落。

宜章县 堡城村北城门 「奉院司道宪禁革碑」

　　宜章县湘粤古道旁始建于明永乐年间的黄沙堡，是目前湖南省内仅存的两个较完整的城堡之一，另一个是湘西凤凰县的黄丝桥古城。专家考证，黄沙堡也是我国南方地区保存完好的一个古城堡，至今还保存着古城墙，一个城门被拆，另三个城门完好。过去的城堡现在已经成了一个村，叫堡城村。远远望去，雄踞一方的古城堡，像皇城一样森严壁垒。

　　黄沙堡南北两门，南门为镇南门，北门为朝天门。东西两闸门。城墙高4.25米、厚4.5米、周长812米，围城占地面积约3.56万平方米，略呈四方形，当地有"穿城一里半，围墙三里三"之说。堡城内保存8块石碑刻，其中一块清康熙四十年（1701）的"奉院司道宪禁革碑"，记录了清朝当局严禁黄沙堡城堡内官兵在防区内对民众索拿卡要的内容。专家认为特别珍贵，有很高的史料价值。

宜章县 堡城村 箭楼

宜章县 堡城村 民国时期学校

宜章县 堡城村 节孝坊

　　城内原有二楼四碉四庙五宗祠。二楼为南楼北楼，四碉为东西南北，四庙为镇兴庙、朝仙庙、骑龙庙、成皇庙，有蔡、陈、杜、萧、颜五大宗祠。城北门外蔡氏"节孝坊"，为纪念蔡宗第之妻黄氏而建。黄氏25岁时，蔡宗第死，黄氏年轻守寡，不图再嫁，侍奉老人，训导儿女，在当地成为楷模。清雍正十三年（1735），黄氏逝世，族人将其上旌入祠祭祀。清乾隆二年（1737），蔡氏族人出资建节孝坊。

　　节孝坊为石质跨式牌楼，四柱三门三层，高6米、宽6米，一色青石结构。中门二石柱上分别浮雕双狮滚球，额阳镌"荻影青霜"四字，青石镂雕，工艺精湛，时代久远，堪称一流牌坊杰作。

宜章县 五甲村 石板桥

五甲·黄氏聚落

这些年来不停地在乡村古村落行走，有时走多了，行累了，也会生出疲惫与乏味，而一旦发现意外的场景，往往会眼前一亮，格外地生出惊喜，似乎所有的疲惫都烟消云散了。在宜章县黄沙镇五甲村就遇到过这意外场景。村口两个祠堂门前居然竖立着两大片旗杆石，粗略数了数，足足有四五十柱之多，这是我见过的数百个湖南省古村落中旗杆石最多的一个村。望着这一对对旗杆石，不得不驻足、深思，并一探究竟。

中国封建社会的科举制度，让优秀的读书人通过考试考中举人、进士，踏上为官之路。明清时代，参加县级考试考中者称秀才，成了有一定身份的人；秀才有资格参加省里三年一次举行的会考，即乡试，乡试考中者称举人。举人可以和国子监即全国最高学府学员参加京城举行的全国考试，考中者再参加由皇帝亲自主考的殿试。因此，一个地方的秀才、举人、进士的多少，能够反映出该地的文化和发展程度。

宜章县五甲村的旗杆石与湖南其他地方一样，高 1.5 米左右，宽 40 厘米，厚 15 厘米，由两根石条合成，上下部各有 6 厘米方孔，两块石板相对，中间留出一定距离。旗杆石上刻有某朝某年某科获得第几名等文字，有的镌刻着龙、凤、祥云等图案。五甲村的几十对旗杆石均刻有不同年代，大多为清代，这些旗杆石傲立于村前，与祠堂争相辉映，既是一种历史文化的见证，证明五甲人尊孔推儒、读书风气的盛行，又成了一道独特的亮丽历史文化景观。

村里有两座宗祠：黄氏宗祠和成公宗祠。成公宗祠更加气派，三进三门三大厅堂。三进为祭祀厅，五檐马头墙。最后是大厅，可容纳数十人，两侧是厢房。这里也是黄氏族人祭祀先祖及处理族内事务的场所。20 世纪 80 年代中期潇湘电影制片厂拍摄《湘南起义》时将成公宗祠作为一个片段场景在此开拍。

五甲村与堡城村相距不到 2 公里，隔田相望，这里素有"兵家必争之地，文人毓秀之所"之称。五甲村历史悠久，建村于明朝中期，至今约 720 年。村前保存的两座古祠堂就是这个古村最好的建筑和见证物。五甲村有古祠堂、新祠堂之分，新祠堂则称"成公宗祠"。

宜章县 五甲村

　　始建于清乾隆年间的屋成公宗祠，坐南朝北，门前竖有多对表彰族内子弟考取功名的旗杆石，前门是跃进门牌楼，牌楼大门进去有两道门和两个空旷禾坪，分门楼、中厅、祭祀厅，三进三门三大厅堂。中厅门上方镶嵌石刻楷书"成公宗祠"匾额，上为椽檩构架和马头墙。后进有戏台，为木楼屋顶飞檐，两侧是观戏台廊，设回廊包厢，中间为一宽敞的看戏露天坪。看戏露天坪很大，全是由青石板铺成。

　　成公宗祠气势雄伟，工艺讲究，建筑的支柱全都是由石头、古木组成，砖木椽檩结构，尤其是一进"跃进门"正面为硬山顶、三檐马头墙，穿斗式梁架，横梁左右分别雕刻貔貅与龙头，短梁上还雕有精美的花卉、动物、龙凤合成的异物图案。前置卷棚，后穹顶，里面为素面藻井，石制门墩、门框，门墩雕有卷叶花卉石刻。现在的"跃进门"虽然有些破败，但沧桑中仍不失几分大气。

宜章县 五甲村 成公宗祠

　　旗杆石又叫进士墩、举人碑，后俗称为拴马石，是古人为表彰乡贤考取举人、进士以上功名的族人所获的功名而立，大多立在宗祠或府第前。旧时，凡在屋门口、祠堂门口竖立旗杆石的，必是家中或家族中的人考中了举人、进士。旗杆石是用来光宗耀祖，彰显身份，昭示世人，并激励青年学子努力用功的。立旗杆石是古代耕读传家传统文化思想的历史见证物，也是旧时一道奇特的文化景观。一个地方的石旗杆越多，说明这个地方人才辈出，人杰地灵。

宜章县 五甲村

　　81 岁的黄家老人说，旧社会到祠堂门前来的，无论是同辈、晚辈还是路过的人，都要向旗杆石鞠躬。"祖孙双进士，一门五举人"，在 20 世纪竟成了这全村里人的美谈。从巍峨的成公宗祠和门楼旁密布的旗杆石，可以体现当时生员读书的阵容。

　　作为古代科举文化的实物遗存，如此众多保存基本完好的旗杆石，对研究当地的科举文化、家族文化等无疑具有重要的历史和文物价值。今天，站在这些厚重的旗杆石面前，仍然能够感受到这里厚重文化的历史遗韵。

耒阳市 石湾村 将军府 鸟瞰

耒阳市 石湾村

石湾·曾家聚落

　　2009 年 11 月在网上看到一则信息，说湖南耒阳公平圩乡石湾村有一块曾国藩赠友人母亲的寿匾。曾国藩不仅在湖南有重大影响，而且可以说是改变清朝命运的一个大人物，他居然前往距离他双峰荷叶塘家乡 200 里远的友人家为其母祝寿，可见这其中定有故事，甚至会有离奇的传说。

　　石湾坐西向东，背后是一座小山，南北横向宽有 300 多米，东西纵向 100 多米，有 400 多户人家、近 2000 人，是耒阳最大的一个古村落之一。这里人都姓曾。村里一本民国时期《曾氏族谱》记载：始迁祖延通公，江西南丰曾巩后裔，宋靖康年间携家西移，先由武昌后迁居耒阳石湾。曾巩为南宋八大家之一，他的重孙叫曾宥，曾宥的长子叫曾仲连，曾仲连的儿子叫曾耆佑，号石湾。曾耆佑随父在元朝至元八年（1271）从武昌迁徙到耒阳现在的地址。因其人号石湾，故将此地叫石湾。

　　曾国藩与石湾的渊源故事，老人们都似乎如数家珍且津津乐道。清咸丰二年（1852）六月，当时的太平天国运动爆发，太平军正所向披靡，势如破竹，曾国藩赴任途中闻母仙逝，回籍服丧，守丧期间奉皇命组练湘军。清咸丰三年（1853）春，曾国藩来到石湾，找到曾氏族长劝捐助饷，开钱庄的曾尚诗在其母亲支持下，捐献银两十八担，给当时组织团练的湘军解了燃眉之急，曾国藩自然心存感激。

　　在往后的十几年中，曾国藩戎马倥偬，不论是平定太平天国还是之后，都与曾尚诗有家书来往。并邀曾尚诗在京城游玩。清同治七年（1868）十一月，曾国藩为给曾尚诗曾母谢太君送诰命皇封，第二次来到石湾。此时适逢曾母 81 岁寿辰，匆忙之下，在当地用杉木板，做了一块寿匾，匾上写"古柏长春"四个大字，左首匾尾落：钦加一等侯两江总督涤生国藩，清同治戊辰七年仲冬月。现存的寿匾已被锯为两截。可以想象当年的曾国藩确与石湾有过一段不凡且让后人传颂的佳话。

耒阳市 石湾村

　　石湾村四座青砖黑瓦马头翘角的大院连成一片，掩映在青山绿水和大片的田园之间。有一栋叫"将军府"的大宅，是曾国藩湘军麾下一名四品官于清同治十一年（1872）所建。因在当年曾国藩操练团练的地方建起来的，又叫新屋里。正门进入有两个天井，两边有很多偏房且左右对称。从高处俯瞰，石湾四个大院落，一字排开，有四进，有五进，还有一个是六进院落。这样的老宅不说在湖南，就是在全国也罕见。我去过江浙、安徽、山西等地，见过许多徽派、晋商建筑和那里的大院，许多远不如这里的气派。

耒阳市 石湾村 将军府

桂阳县 新村村 俯看

陈溪新村·邓氏族群

陈溪新村，一个因矿而生的经典古村。传说家住桂阳县陈溪村的邓家黄婆婆有六个儿子，一天邓家几个放牛的孩子到山谷里的一个池塘里游泳嬉戏，下到水里时，孩子们看到水面银光闪闪，接连几天都是如此，孩子们把这件事告诉了母亲黄氏。黄氏一想，会不会是池塘里有金矿呢？黄氏告诉丈夫，丈夫立马让孩子们带他跑到池塘边。

沿着周围的地貌仔细找寻，果然，在池塘不远处的一个山崖上发现了矿苗。邓家并没有声张，把孩子们带回家，把几头牛全部卖了，开始带领六个儿子在放牛的山上搭棚凿洞开矿。不出多久，邓家就从洞里挖出了高品位的铜矿。一年后，邓家开始富裕起来。那时，陈溪一带的荒山属于无主荒地，谁发现了就属于谁的。为了不让人侵占，邓家打出了妻子的旗号，把矿垅命名为黄婆垅。

这只是故事传说。其实，黄婆垅一带的矿藏远在隋唐时期就已经开采。《旧唐书·食货志》记载，唐元和三年（808），盐铁使李巽上言："得湖南院申，郴州平阳，高亭两县界，有平阳冶及马迹、曲木等古铜坑，约二百八十余井，差官检覆，实有铜锡。"邓家应该是在前人开采过的基础上找到了相对品质高一点的富矿而已。邓家因开矿发迹后，便在更靠近黄婆垅矿的地方建造宅第。邓家其中两个儿子留居陈溪老屋，其他四个儿子选了在距离陈溪附近的一个背靠大山的地方，于清道光三十年（1850）左右开始造房建屋，故为新村。

有碑文记载，邓氏兄弟从陈溪老屋搬迁至新屋为清咸丰元年（1851）。这一带的石溪、新陈、陈溪均为邓氏传人，是唐朝大将邓文瑞（626—718）二十一世之后。为纪念唐代先祖邓文瑞，邓氏后裔在新村特建了"雍睦堂"，四世同居。从对面的山坡望去，依山而建的新村，民居全是清一色的青砖青瓦，前后三排，造型与风格一致，气势极其恢宏。第一排是邓氏四兄弟建造的四栋民居，四栋一模一样一字儿排开，八扇小门处于同一直线上，门高槛大，两侧都是精美的石刻，天井屏风和内屋窗子是镂空木雕，大厅内的转角石也都是石雕。

第二排其中有一栋属于新村古民居中的精品，称为"世守雍睦"，由邓瑀、邓瑛两兄弟合建。第三排有一栋建于民国七年（1918）的古民居，居然在大门两侧的转角石上连同精美的人像石雕，把500多字的《朱柏庐先生治家格言》全文雕刻在上面：黎明即起，洒扫庭除，要内外整洁。既昏便息，关锁门户，必亲自检点。一粥一饭，当思来处不易；半丝半缕，恒念物力维艰。宜未雨而绸缪，毋临渴而掘井。自奉必须俭约，宴客切勿流连……字迹也如同"世守雍睦"屋一样苍劲有力。

这些石刻字迹或苍劲或秀美，字体规整，所有文字都清晰可读，无一字残损。石雕内容有花鸟神兽或者"三顾茅庐""三戏周瑜"之类的经典故事，更多的是一些具有警示教育意义或表明主人品德与心迹的楹联，如"宅安定集鸿，门大堪容驷""西山爽气来，北道主人后""书田粟菽皆真味，心地芝兰有异香""序天伦之乐事，师圣贤之遗书""其门客高车驷马，此地有让水廉泉"等等。所有文字都力透墙壁，仿佛出自书法大家，许多石刻完全可供后人临摹展示。

屋内大厅的木雕也匠心独运。屋外檐下或窗楣则多绘有彩色壁画，这些壁画用蓝、红、墨三色，或山水田园，或诗情画意，或民间传说，意境深远，栩栩如生。有人说整个古村就是一个艺术宝库实不为过。高手在民间，看来中国传统文化许多的确也深藏于民间。

桂阳县 新村村 石刻

146

桂阳县 新村村 石板巷道

　　新村如此众多内容丰富、极其精美的石雕，可谓达到奢华的程度。我曾和省城长沙几位画家书法家朋友来过此地，并且进行石联拓片，艺术家们在欣赏了新村这些石刻之后，个个赞不绝口，说整个村落就是一个石刻艺术的宝库。

　　石刻属造型艺术，在中华民族有着悠久历史，匠人们运用娴熟的雕刻技法在石质材料上创造出具有实在体积的各类艺术品，让一块块坚硬冰冷的石头经过雕刻工艺师打磨之后，使之赋予鲜活的生命。这个名不见经传的小村，不仅比较完好地保存着二三十栋古民居，而且让这里的石刻艺术熠熠生辉。

　　当年邓氏四兄弟是花大钱从衡阳请来手艺精湛的工匠、石匠和木匠，四栋房子统一设计，统一下基脚，统一施工进度，最后，在同一时间完工。前排四栋建好后，奠定了新村建筑和整体样式、基调与风格。

朱柏盧先生治家格言

黎明即起，灑掃庭除，要內外整潔；既昏便息，關鎖門戶，必親自檢點。一粥一飯，當思來處不易；半絲半縷，恆念物力維艱。宜未雨而綢繆，毋臨渴而掘井。自奉必須儉約，宴客切勿流連。器具質而潔，瓦缶勝金玉；飲食約而精，園蔬愈珍饈。勿營華屋，勿謀良田。三姑六婆，實淫盜之媒；婢美妾嬌，非閨房之福。童僕勿用俊美，妻妾切忌艷妝。祖宗雖遠，祭祀不可不誠；子孫雖愚，經書不可不讀。居身務期質朴，教子要有義方。勿貪意外之財，勿飲過量之酒。與肩挑貿易，毋占便宜；見窮苦親鄰，須加溫恤。刻薄成家，理無久享；倫常乖舛，立見消亡。兄弟叔姪，須分多潤寡；長幼內外，宜法肅辭嚴。聽婦言，乖骨肉，豈是丈夫；重資財，薄父母，不成人子。嫁女擇佳婿，毋索重聘；娶媳求淑女，勿計厚奩。見富貴而生諂容者，最可恥；遇貧窮而作驕態者，賤莫甚。居家戒爭訟，訟則終凶；處世戒多言，言多必失。勿恃勢力而凌逼孤寡，毋貪口腹而恣殺生禽。乖僻自是，悔誤必多；頹惰自甘，家道難成。狎昵惡少，久必受其累；屈志老成，急則可相依。輕聽發言，安知非人之譖訴，當忍耐三思；因事相爭，焉知非我之不是，須平心暗想。施惠無念，受恩莫忘。凡事當留餘地，得意不宜再往。人有喜慶，不可生妒忌心；人有禍患，不可生喜幸心。善欲人見，不是真善；惡恐人知，便是大惡。見色而起淫心，報在妻女；匿怨而用暗箭，禍延子孫。家門和順，雖饔飧不繼，亦有餘歡；國課早完，即囊橐無餘，自得至樂。讀書志在聖賢，非徒科第；為官心存君國，豈計身家。守分安命，順時聽天。為人若此，庶乎近焉。

中華民國七年歲次戊午仲夏月吉旦

148

桂阳县 新村村 《朱柏庐先生治家格言》石刻 拓片

朱柏庐先生治家格言

　　黎明即起，洒扫庭除，要内外整洁。既昏便息，关锁门户，必亲自检点。一粥一饭，当思来处不易；半丝半缕，恒念物力维艰。宜未雨而绸缪，毋临渴而掘井。自奉必须俭约，宴客切勿流连。器具质而洁，瓦缶胜金玉。饮食约而精，园蔬愈珍馐。勿营华屋，勿谋良田。三姑六婆，实淫盗之媒；婢美妾娇，非闺房之福。奴仆勿用俊美，妻妾切忌艳妆。祖宗虽远，祭祀不可不诚；子孙虽愚，经书不可不读。居身务期质朴，教子要有义方。勿贪意外之财，勿饮过量之酒。与肩挑贸易，勿占便宜；见贫苦亲邻，须多温恤。刻薄成家，理无久享。伦常乖舛，立见消亡。兄弟叔侄，须分多润寡。长幼内外，宜法肃辞严。听妇言，乖骨肉，岂是丈夫；重资财，薄父母，不成人子。嫁女择佳婿，毋索重聘；娶媳求淑女，毋计厚奁。见富贵而生谄容者，最可耻；遇贫穷而作骄态者，贱莫甚。居家戒争讼，讼则终凶；处世戒多言，言多必失。毋恃势力而逼凌孤寡，勿贪口腹而恣杀生禽。乖僻自是，悔误必多。颓惰自甘，家道难成。狎昵恶少，久必受其累。屈志老成，急则可相依。轻听发言，安知非人之谮诉，当忍耐三思。因事相争，焉知非己之不是，须平心暗想。施惠勿念，受恩莫忘。凡事当留余地，得意不宜再往。人有喜庆，不可生妒嫉心。人有祸患，不可生喜幸心。善欲人见，不是真善。恶恐人知，便是大恶。见色而起淫心，报在妻女。匿怨而用暗箭，祸延子孙。家门和顺，虽饔飧不继，亦有余欢。国课早完，即囊橐无余，自得至乐。读书志在圣贤，为官心存君国。守分安命，顺时听天。为人若此，庶乎近焉。

桂阳县 新村村 《世守雍睦屋记》石刻

世守雍睦屋记

胞弟承璋谨记并书。清光绪二十四年（1898），二兄瑀、五兄瑛以人稠之故，卜吉于村前之东南隅而新建一屋焉，越明年而屋始成。精神之殚，良不少也。于是两兄先生名其屋曰"世守雍睦"，属璋作文以记之。璋思自邓文瑞四世同居，诏旌雍睦，由是氏邓者多名其屋曰雍睦。我族于文瑞派不可考矣，亦多以雍睦名其屋者，以大道为公故也。至雍睦而曰世守，则两兄先生独有之意，而欲自今以后世世守之也。夫以雍睦之象，父慈而子孝，兄爱而弟敬，夫和而妻柔，姑慈而妇听，欢然者一门之内，畅然者一门之外，其和气之所致。虽至于信友朋，获君上，鸡哺狗儿，雀随孝至，亦理之常，无足怪者。第雍睦而欲世世守之，则后世之雍睦端在今世，今世之雍睦端在一己。昔洛邑既成，周公责成王曰"作周恭先"，自责之曰"作周孚先"，盖言新邑初宅，为君者宜恭以接下，以恭而倡后王，为臣者宜信以事上，以信而倡后人。本此以推，祖宗诚。

欲世守雍睦，而不躬行雍睦，于其上是无见知，闻知之具而徒欲子孙兴起，于下世有所守，窃恐不能。由此观之，今欲后世雍睦，当先有以雍睦今世也。《诗》曰"天生烝民，有物有则"，由一家言之，有父子夫妇长幼之物，必有有亲有别有序之则，苟能于此致其知，则由致知而力行，由力行而刑于妻子，至于兄弟，而所谓雍睦者见矣！故帝尧九族之睦，必始于克明俊德，以亲九族。而《大学》之首物格，次知至，次意诚心正，次身修家齐，亦此意也。是之不务则不知，物有本末，事有终始，虽欲率为雍睦，终归于空言无补。由此观之，今欲今世雍睦，当循其序，先有以雍睦一己也。虽然，两兄先生以名其屋之意而求言于璋，非言之难，寔行其言之难。今置是言于壁间，朝览夕观之余，信能致知，信能力行，至于一人雍睦，一家化之，此则虽使世世子孙感发兴起，其雍睦遂及于文瑞之家可也，虽使世世子孙感发兴起，其雍睦遂过于文瑞之家亦可也。是有望于两兄先生。

北道主人后，西山爽气来。

桂阳县 新村村 石刻

151

桂阳县 新村村 "世守雍睦" 宅院门题

　　新村大气且经典建筑当属"世守雍睦"。"世守雍睦"建于清光绪二十四年（1898），大门上"世守雍睦"四个大字，大门外两侧的转角石雕刻着封官拜相的图画和一对镂空的石狮。700多字的《世守雍睦屋记》全文雕刻在大门两侧的石头上，铭文砖刻科甲蝉联、人财两盛、富贵双全等。

常宁市 中田村 鸟瞰

154

中田·李家聚落

很久以前，衡阳常宁南部的深山中建有一座舜帝庙，虽然舜帝庙已不复存在，庙前镇因旁有"舜帝庙"而得名。而庙前有一处古民居叫中田村，她南倚紫微峰，北望紫云山，前有月光塘，后靠翠尾峰，依山傍水，如画一般。

中田村保留着一大片老宅，这片老宅始建于明代永乐年间，兴盛于清中期，虽经历数百年的风雨剥蚀，目前仍保留从清康熙四十八年（1709）到民国的旧宅100多幢，最兴旺的时候有800多户。这些民居既有湘南民居的建筑特色，又有独特的艺术风格。

走进中田，首先映入眼帘的是村前人工开凿的月形大水塘，名"月光塘"，在湘南民居中亦属首屈一指。"月光塘"始建于清乾隆元年（1736），占地4亩，四周铺288块巨型青石板。

这里的居民姓李，族谱记载，老祖宗福五郎是武官出身，明洪武二年（1369）由茶陵调守桂阳，后由桂阳镇守常宁。明永乐二年（1404），奉旨在常宁实行军屯，发展生产。由于征战多年，屡立战功，福五郎衣锦还乡后，看重这块好地方，于是兴土木，定居于此，繁衍后代，到现在已经历时600多年。

中田民居巷道纵横，在这里走着走着，陡然发现与其他古村明显不一样，这里巷道里铺设的石条多是汉白玉材质，有的大户人家的院落大门、石础，甚至天井底与四周也是汉白玉铺砌。自然那些石门上雕刻的字迹特别清晰，"德润第""金满门""星拱门"等，数百年仍光鲜如初。若不是身处乡间，还认为这是皇宫里。这无疑是我见过的所有古村落最为奢华的，堪称富贵一族。一打听，原来这一带矿产资源丰富，尤其盛产汉白玉。

中田古建筑群最突出的特色是有很强的防御功能。箭孔代替木窗户，巷道里层层设置了防御，处处布满了抵御外敌入侵的机关。村里的巷子不宽，仅能容下两人并排通过，易守难攻。每隔几米远，石板路上就有一个长条石，上面布满了圆孔槽。说明以前这里的巷子设有多道门栅，形成了一道道关闸。

这大概与长期奉旨实行军屯有关。追溯历史，中田村民的先祖来自骁勇善战的明代地方军队，他们驻守在中田，无战时下地耕田、习武练兵，一旦有战事发生便出征应战。因此，这里的民居散发出强烈的军事气息。

一条条纵横交错的巷子，俨然是一副严密布阵的"棋盘"，众多的各自独立的坚固砖石房仿佛一颗颗"棋子"。每一条巷道随时可以分割成一个个细小的围剿场所，每一独栋的房屋都是一个坚固的堡垒。如此缜密的军民合用的建筑布局，可以想象，这里的先人及后裔们是多么的睿智。

常宁市 中田村 "月光塘"

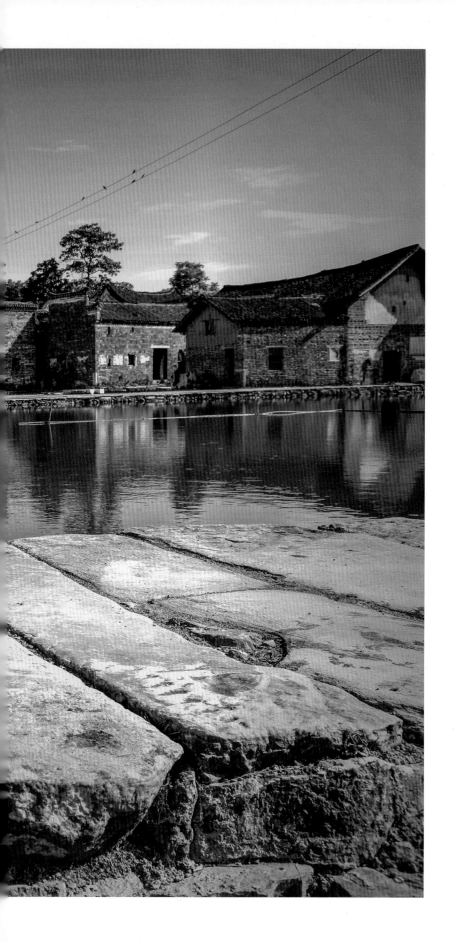

　　百姓说，这月光塘有过美丽的故事。传说月光塘在修建之前，村后的翠微峰形似猪形，故又叫猪形山，对面冲山村有一山叫虎形山，虎与猪相克，两势相较，对中田不利，村民感觉不安。有一天一地仙托梦于村中老婆婆，要在禾坪中央修一弯弓形水塘，方可压住对方势力。月光塘修好，就像一把弓架在那里。

　　从此，中田的势力兴旺，一直延续至今。今天，月光塘仍四季清澈，蓝天、白云、青山和民居倒映水中，好似一幅精美的山水画镶嵌在明镜里。

常宁市 中田村 古宅老人

　　坐在床前扇蒲扇的老太太八十有三，已在这老屋住了近 70 年。世事沧桑，时光荏苒，百年光阴眨眼而过，当年的青春少女已变成垂暮老人，不变的是当年结婚时候的摆设，木雕床、梳妆台，还有褪了色的老宅容颜。不过，老宅旁边的清溪水，仍一如当年清澈流淌着。

　　对于老宅的每一处角落，老人都再熟悉不过。她也常常搬条凳子坐在外面或门槛上，看院子天井上方和门外的云卷云舒，感叹人世间流逝的悲欢离合。

耒阳市 珊钿村 鸟瞰

珊钿·陈氏望族

　　或春天或夏日，许多次走进耒阳的乡村，蓝天白云，青山秀水，阡陌田野，石板小径，衬映着一栋栋古朴幽深的老屋。那些散落在田洞山岭中的古村落，虽然已经褪去了昔日的风采，有的甚至或破败不堪，或残砖断垣，或摇摇欲坠，或青苔缠绕，或鲜有人烟，没有炊烟与鸡鸣犬吠，但文化古韵与历史遗风尚存，依稀一种淡淡的惆怅与乡愁油然而生，并且对先辈们生出一种无言的敬畏。

　　有资料显示，耒阳上架乡珊钿村，是耒阳唯一以封地为姓氏的家族。于是两次慕名来到这里。上架地处耒阳东南角，与郴州市永兴县相邻，当地人把珊钿称为"三里冲"。这里的老人解释三里冲名字的由来：以村子为中心，往东北到界冲是3里路，往东到上架桥也是3里，向西北到下庄还是3里，所以当地人把这个山冲称之为"三里冲"。

　　三里冲是一个名副其实的山冲，两边都是绵延的丘陵，中间是一块狭长的谷地，两山呈环抱之势，快合拢处有一个大池塘。右边的山势略为险峻，村子依山而建，一字排开。村里的老人指着后山说，这山呈白虎形，老祖宗选址是很有讲究的，强调枕山、环水、面屏，强调山势、水脉对居住的影响，认为山绕水环，左右盘旋为"龙脉"之所在，是最理想的建房之地。珊钿村的选址扎寨就是很符合古人建房的理念。

　　说起三里冲，绝对有过引以为傲的身世。三里冲人都姓陈。《陈氏家谱》记载：耒阳陈氏开山祖陈延海，宋朝在福建莆田平叛有功，被授宁海军节度使，受封于耒阳，镇守耒阳、永兴、安仁三地，据说当时他的封地田土多达7000余亩。其后陈延海携家定居耒阳，代代繁衍，他的子孙后裔大多分布在耒阳上架、石淮、三都、东湖等地。

　　珊钿古村经过宋、元、明、清各朝历代，依次建成了上湾、中湾、下湾，逐渐形成耒阳较大的一个传统村落，有祠堂、宅第、私塾、庙宇、戏台等，主要代表建筑有"颖川堂"、"聚奎堂"、钟楼、横屋、正厅屋。下湾里的正前面，有一"钟楼"建筑，这个钟楼是大院的门楼，立面简洁、色调朴素，方正的石柱装饰，窗户上绘椭圆形苍穹花纹，两侧墙体竖立挂钟饰石雕，且有欧式风格。屋顶东西各立一座西洋风格的"钟"，这种舶来文化在湘南耒阳乡村既极为珍贵，又实属罕见。

　　让人惊艳的还有那房子上精美的装饰，即泥塑和彩绘。虽然在"文革"中多被当作"四旧"给破坏过，但从那残缺的造型和线条，依然可以感受到那种荡人心魄的神韵。

耒阳市　珊铜村　宅院

耒阳市 珊钿村 屋檐泥塑

　　旧时珊钿陈氏宗族可谓是富甲一方，自宋代显赫于朝，历代为书香门第，曾出过官宦、进士、秀才多达百余名，还有数名获封诰命夫人。陈氏家族自然也是耒阳当地的官宦之家，算得上耒阳一个名门望族。村子前面的长条石、栀子和巨大的石础，一看就知道非官宅莫属。那高高翘起且凌空欲飞的屋檐，是在无言地诉说着它过去的显赫与荣光，无疑这是宅子主人身份和地位的名片。当无人机从高处鸟瞰时，一字排开的古建筑让我深深的震撼。

163

两湾洞·段氏族群

很早以前，就听说郴州南部的苏仙岭发现千年骡马古道。骡马古道始建于秦三十三年（前214），为秦始皇统一中国时远征南粤五十万大军硬生生踩踏而成。它从郴州一路往南，过宜章，再往南，在两岸连山的峡谷中穿过，一路蜿蜒至广东，遂成湘粤之间交通之要道，俗称"九十里大道"。

现存的这一段骡马古道位于郴州苏仙区邓家塘乡两湾洞村附近，断断续续的青石板路上留有的骡马蹄窝，皆为当年骡马负重行路踩踏之印记，2000多年的光阴岁月早已使这条古道消失殆尽。然而古道经过的两湾洞村却吸引着我的眼光，成片的老宅子虽然有的已经破败，但古村落的整体格局、大体量的房屋仍保存着，并且能够感受到这些屋主人积聚的财富与博大胸襟。

置身其间仿佛时空穿越，令人敬畏之心油然而生：是谁在什么时间、在此地建造了如此大规模的房舍？为什么会破落？一连串的问题直叩心门，于是三次来到这里，试图揭开这个古村落的神秘面纱。

村前是一口大水塘，水塘正面是祠堂，祠堂门前有一对拴马石，祠堂主体已经倒塌，仅留大门与一堵高高耸立的断墙。祠堂一旁住着一户段姓人家，老人见我是从省城来的很是热情，介绍说村里拴马石原有6对，祠堂前有3对，祠堂左侧2对，还有1对在村里一幢老屋前。

一位老人拿出收藏多年的一箱段氏家谱，足足有十几本，他说解放前这个村为段氏家族，没有外姓，土改时54户人家，有51户划为地主，现在村里姓氏很杂，多是外面搬进来的。我问怎么会有那么多地主。他说家家户户都有田地，上了"线"的都被划进去了。我问他家是什么成分。老人说他祖父解放前几年打牌赌输了，土改时划的成分是中农。在问及村里的来历时，老人有着说不完的故事。

相传，明洪武二年(1369)，先祖段思忠一朝高中进士，他欣领皇命，远赴广东，出任茂密县令。然而因终日劳累，突发疾病，临终之际他特地给儿子段毕行留下遗嘱：送葬路上，无论何处断杠，便为"落业兴家"之地，切记。段思忠仙逝之后，段毕行即雇脚夫抬棺，将父送归故里。一路日行夜宿，在进入广东与湖南交界的五岭北麓里，一阵狂风吹来，突然"嚓嚓"一声响，两根棺杠居然齐刷刷折断，棺木应声落地。

段毕行开始一惊，继而想起父亲的临终遗嘱："断杠落业"。在为父送葬，入土为安之后，饱读诗书的段毕行便率家人在这片地方取石动土，搭建茅舍，垦荒种田，栖居下来。这一年是明洪武五年（1372）。后来，段氏后裔追念先祖恩德，遂将发祥之地的"棕叶山"冠以两湾洞，寓意族人共拥一洞良田。两湾洞之名，一直沿袭至今。

让人啧啧称奇的是这里的民居老宅不仅恢宏大气，而且似乎座座都有着动听的故事。一座座青砖灰瓦的老房子映入眼帘，在岁月侵袭下，屋顶的灰瓦开始有些泛白，房前屋后长了许多的杂草，但高墙依然屹立，虽已残破，依然可见当初的气派和神韵，20世纪电影《秋收起义》的许多镜头就是在这里拍摄的。

在"两湾洞"，听不尽鞋跟叩击古巷青石声声，看不尽亭台闺楼相连古香古色。段氏家族成就了"两湾洞"昔日的繁荣，也带给了人们不尽的思考：辉煌与落没。

郴州市 两湾洞村 宅院

郴州市 两湾洞村

郴州市 两湾洞村 庭院厅中藻井

　　老人引着我穿过坍塌的祠堂，沿着窄窄的巷道，走进一幢幢庭院。祠堂西侧一座庭院，始建于明代，已是一片废墟，断墙残垣，蒿草没膝，宅基石上刻有"布政司参军府段万福监"的字样。祠堂东侧一院，房上飞檐翘角，马头起脊，青瓦盖顶，雕梁画栋，字迹、画样仍清晰可辨，只是没有人居住。走过一条别具一格的围墙，来到另一家段氏豪宅。老人说这家在当地有财有势，有富甲湘南之说。当年这所豪宅雄踞全村，是唯一一座三层建筑，有大小100余间房屋，这屋里还出过几名进士，均在外为官，享受朝廷俸禄。

　　这座豪宅是这个古村现存最好最大的一个大院，上得八级台阶进入院门。首先是一座精美的门楼，飞檐翘角下最显目的一个如悬在门楣上的藻顶，结构重重叠叠、纵横交错、凸凹有致，各种精雕细镂的五彩图案令人眼花缭乱，整个门楼如一件巨型木雕。入得院内，沿着大厅通道前行，两侧厢房的门窗都由木雕镶嵌而成，图案丰富多彩，如同一个中国传统艺术的陈列长廊。

　　过了天井是大堂，大堂天花板有一个藻顶，全部用的是木榫，斗拱高雅精湛，这是我见的乡间保留至今最完整的一个室内木榫藻顶。穿过二进大厅，拾级而上，过了八角门，便是气势恢宏的主体建筑，在下厅与上厅的交接处，有一座古老的戏台。湘南的戏台大多建在祠堂内，私家戏台极其罕见。由此可以想象当年屋主人之气派，生活之奢华……

郴州市 坳上村

坳上·李家族群

　　湘南人讲的坳上，实际是指山坡上的洼地。坳上古村的地貌特点就属这种类型。当地人说坳上处于"龙形"之中，是因山形像龙。上头埼是"龙头"，下头埼是"龙身"，坳上则卧于"两水"即东河和西河的腹地。

　　这个距今已有800多年历史的湘南传统村落，为李姓家族。血缘始祖为上古传说中的人物皋陶。李氏先祖为李晟（727—793）。李晟为唐西平忠武王，洮州临潭（属甘肃）人。因勇敢善战，平定各地叛乱，屡立战功，为唐皇朝建立了不朽的功勋。其后裔一支脉先迁徙于江西，宋初年从江西迁徙于湖南，并几经辗转落脚于湘南，在郴州苏仙区坳上定居繁衍。

　　坳上不远处，有一条著名的"湘粤古道"，这里的人说是古代沟通中原与岭南一带的交通要道，坳上就是依托湘粤古道的重要交通位置和络绎不绝的往来商人，逐步成了繁华之地。明清年间，坳上已经远近有名。进入民国，粤汉铁路在此修了个火车站，并命名为"坳上火车站"，一直沿用至今。现坳上镇的名字，也是源自坳上。坳上的影响力可见并非一般。

　　从高处俯瞰，坳上古村很有规模，现存的58栋民居层层叠叠、鳞次栉比、首尾相接、连成一片。整个村落建筑结构紧凑，布局、格调统一。院落与院落之间的巷道用青石板铺就，路回转折，回环相通。

　　游走于坳上，欣赏遍布其中的各种民间艺术，也是一种享受。这里的历史风貌保存完好，图案精美的砖雕、石雕、木雕、檐艺、牌匾里，更是隐藏着许多传说和故事，很是让人想细细品味：随处可见各种雕花艺术，文、财神石雕，寓意主人向往读书和做官；气势汹汹的貔貅，是家家户户镇宅进财之宝。有位90多岁老人家里保留一张以"凤舞九天"为主题的木雕床，到她这一辈已经历了三代，100多百年了，却仍然金光璀璨，浮凸清晰，令人无不称奇。

郴州市 坳上村

门楣上壁书写的"文忠世第""瑞气凌云"等横匾大字,好像还有股淡淡的墨香。

坳上的近百幢清代风格砖木结构的房屋依山而建,层层叠叠、高低搭配、首尾相接,连成一片,院落与院落之间有青石板路回环相通。整个古建筑格调统一,结构紧凑、布局合理;雕刻精美,工艺精湛,惟妙惟肖,充分体现了清朝时期的建筑风格。

郴州市 坳上村

    每一个村落都有属于自己的古村史，不论它们的大与小，繁华与衰落，都是这个村落历史的缩影、文化的沉淀。最能留住与体现的是散落在其间的石刻与石雕。

    坳上村的"三雕"（砖雕、石雕、木雕）工艺也极有特色且精湛。老人们说，古代的石匠木匠至少要拜师三年，有的甚至要六年九年才能出师，方能打造出如此精湛的艺术品。

郴州市　坳上村　八角屋

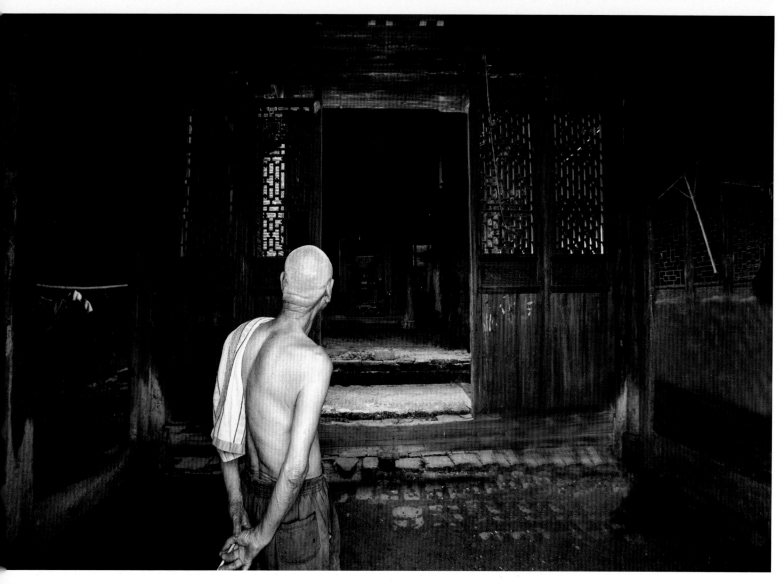

坳上有座"八角屋",常被乡民提起。一般人盖房子,讲究的都是地阔方正,宅基以四角状态为宜。据说这座房子的房主为一名实力雄厚的大财主,本来也想砌一栋方方正正的大屋,可自己所拥有的宅基却偏偏凹凸缺角,呈现出八个角的状态。

为了砌出方方正正的房子,他特意找邻居商量买地,并提出在所要宅基地上"可铺多少银元就出多少银元"。可邻居无论如何不肯卖,并掷出"你的钱是你的钱,我的地是我的地"的话语。财大气粗的房主失望之余倒也没有仗势欺人,最后只得按照自己的地基形状,花了更多的工夫和银两去设计、建造,最后盖成了如今呈现在世人面前的拥有大小八面房墙的八角屋,此房屋亦还好看,其过程亦还称得上是一段佳话。

故人具鷄
添邀我至
田家綠樹
村邊合青
山郭外斜
開軒面場
圃扎巴話
桑麻待到
重陽日还
未就把菊

郴州市 坳上村 檐画 灰雕 书法

八月湖
水平涵虛
空太清氣
蒸雲夢澤
波撼岳陽
城故濟衆
舟楫端居
耻聖明

戲墨

郴州市 坳上村 檐画 灰雕 书法

郴州市 坳上村 檐画 灰雕 书法

富貴到白頭

郴州市 坳上村 匾额（王闿运书）

　　自古以来，坳上人文兴盛，"大户人家"颇多，并且人才辈出。最为村里人所津津乐道的，当属得到清代名儒"湘绮老人"王闿运亲笔题送祝寿匾的李友柏老人。在痕迹斑驳的古屋里，有块题有"朝杖扬辉"字样的祝寿匾，题款为"李公友柏老先生八旬晋一大庆"，时间是中华民国三年（1914）仲秋月。

　　在过去，老人年八十以上被称为"朝杖之年"，意即可以挂着拐杖上朝，"朝杖"一词也由此而来。"湘绮老人"王闿运为李友柏老先生所题的贺匾，意寓老人老当益壮，即使已经挂杖，仍能发光发热、为国效力。王闿运与李友柏究竟是什么关系，很难查考，但作为被袁世凯任命为国史馆馆长的王闿运，在自己也是81岁高龄的朝杖之年题匾祝寿，其中只怕也还是颇有渊源。

临武县 石门村 蒋氏总祠 官厅

石门·蒋家聚落

　　石门村位于临武县花塘乡的龙山脚下，若不留意很难让人相信，在远离县城的一个偏远乡间，会有如此密集的保存多幢明代的古民居，这是迄今湘南郴州地区发现并保存较完整的明代建筑群之一。

　　石门人姓蒋，村里有三座明代祠堂，一座是蒋氏宗祠，即石门蒋氏总祠。总祠"三进两天井"，第一进为门厅；第二进为中厅；第三进为正厅，供祖先牌主。三进两侧均有厢房。整个祠堂由70多根木柱支撑，榫卯相接的木结构，除中厅为抬梁、穿斗混合结构外，前、后厅均为穿斗式构架。祠堂外均围以青砖墙。总祠大门口悬挂"进士""魁斗"两块牌匾。村里人说前些年被文物贩子偷走。一进上仍高悬一块"绛人纪年"的牌匾。

　　村里有由蒋时道、蒋时远、蒋时宠三兄弟修建的两座两进专祠。蒋时道于明嘉靖二十一年（1542）生，殁于明万历二十五年（1597）；蒋时远于明嘉靖二十四年（1545）生，殁于明万历四十四年（1616）；蒋时宠于明嘉靖二十八年（1549）生，殁于明万历四十年（1612）。三兄弟的专祠均为两进祠堂建筑，除缺少中厅外，其他结构与蒋氏宗祠类似。

　　石门还保存有一栋明代早期进士蒋士林的官厅与故居，这在湖南的古民居建筑中极为罕见。蒋士林生于明永乐二十一年（1423），中进士后入翰林院，后外放至今湖北孝感市。

　　蒋士林是石门村蒋氏一族迁居此地后出的第一个官宦。官厅建筑面积400平方米，内部穿斗式木构架，青砖青瓦；进大门有太师壁，壁后为天井，天井两侧为厢房；天井后正中为大厅，用以会客和公务；厅两侧为主人用房，可做书房亦可宴客。在官厅左侧，为蒋士林的故居，两层结构，与官厅相类似。只是，石门的官厅修建较早，远不如清代以后官厅那么大气与复杂，斗拱与抬梁式构架也比较简洁，连屋顶上的翘角、柱础都小得多。

　　翻阅了许多资料并与建筑专家们交谈才知道。一般历史越久远的建筑越是简易。明代与清代，尤其与清中期以后的建筑有明显的不同，如明代建筑柱础多用覆盆式，到了清代多鼓形。房屋到了清代开始有了翘檐，窗户上的雕刻明显用心得多，并且讲究审美情趣，如花、鸟、鹿各式图案也愈加地精致起来。

　　蒋氏先祖蒋智迁居石门，还在后山发现了龙洞和石龙。为此，徐霞客特地游历石门，住了几日并写了780字的龙洞记，文字虽然不多，但详细、完整地记录了他考察的过程，为后人留下了一份宝贵的龙洞史料。那年徐霞客先去道州探访月岩后来到石门，旋即留下了"此洞品第，固当在月岩上"的评语。徐霞客一生志在四方，足迹遍及今21个省。湖南多奇山异水，风光秀丽，徐霞客在湘南有过一段不平凡的游历。

临武县 石门村 碉楼

　　说起雄居村口的明代碉楼，村里人给我讲起了一段故事。传说蒋氏先祖迁临武后一直不很兴旺，族人请了一风水先生按照"左青龙、右白虎、前朱雀、后玄武"的风水选址理念，察看地势，觉得村右侧太空，于是就在这里修了一座碉楼，以镇风水，守护家园。碉楼四方四正，大门朝北，楼上有瞭望口。果然，石门村从此渐渐兴旺起来。蒋士林为官后，又在村前修了座石桥，叫石龙桥。后来石门村顺风顺水，800年不衰。

　　石门村现存的明代民居，保存基本完整的还有六七栋，其余有的已经垮塌或半垮塌。这些民居结构基本相同，为两层，建筑面积大都约200平方米，穿斗式木构架，外墙青砖，屋顶盖小青瓦。进大门为天井，天井两侧为厨房及杂房，天井后为大厅，大厅两侧为住房。此外，村里还有一座明代碉楼、石龙桥和风水堤，有《蒋氏族谱》清光绪版木刻全本、抬神古轿等，都是珍贵的乡村历史文化遗存瑰宝。

宁远县 岭头村

宁远县 岭头村 檐画

岭头·欧阳家族

从宁远县城往西北行走约 30 公里，渐渐地在两山之间出现一片田园开阔地，岭头村就坐落在背靠大山的东面。山上古树苍天，藤蔓绿影；前面是阡陌纵横的田野，可谓是良田万顷，这青青的山、绿绿的水，构成了一幅美丽的田园风光画卷。

岭头村因位于宁远县西北部中和乡的古岭脚下而得名，距今已有 800 多年的历史，全村人姓欧阳，现居村民 2000 多人，这在宁远县称得上是一个大家族大聚落了。听村里的老人说，他们是 800 年前从岗芝头村分支来此，始祖欧阳晃，字庆福，于大宋年间来到宁远柏家坪镇岗芝头开基，发达之后的其中一脉于明朝初年先是迁至中和白田，后分至岭头。岭头村的族谱也有记载，始祖欧阳昊公生于宋绍兴元年（1131），卒于宋庆元五年（1199）。

后来，我又去了柏家坪镇岗芝头村，看了那里的族谱和祠堂碑记，碑记曰："维我欧阳氏世传谱牒乃夏禹之后也，先世豫章发源庐陵开派，自始祖庆福（注：安邦公生三子，曰晃字庆福，曰旻字庆禄，曰昱字庆寿）以及信轻公慕巍山名区，带旧谱而迁春陵延唐之西，遇岗则止果得地利仁里仁之美，因居山岗之头，意美名曰岗之头。遂定居焉。"果然有欧阳分家之后迁居于岭头村的记载，有的分支去了宁远淌头、四坊、新开塘、木华山等地。

说明岗芝头的欧阳一族在宁远县是一个大族群。岭头村前有一扇形池塘，和湘南许多的古村落布局一样，正中是祠堂，建筑以祠堂为中心向两旁和后山排开与延伸。先祖欧阳庆福迁至岭头后，依山建房，房子高低错落因山的地势自下而上。欧阳族人在明、清两代大兴土木，现在村中的大部分老屋皆明、清时期所建，还有部分是民国时期建。200 余栋房屋，青砖黑瓦，古香古色。

青石板铺就的巷道纵横交错地将各家各户连接起来。小巷拐弯抹角，曲中通幽。从高处俯瞰，青砖黑瓦，马头翘角，鳞次栉比。没想到在这偏僻的地方还深藏着如此既古老又庞大的村落，这是我见过的又一湘南地区保存历史民居最多、保存民居现状较好的古村落之一。

宁远县 岭头村 檐画

宁远县 岭头村 檐画

宁远县 岭头村 檐画

宁远县 岭头村 檐画

宁远县 岭头村 檐画

宁远县 岭头村 檐画

宁远县 岭头村 檐画

　　岭头古村老宅颇具特色之处，也是最上镜的地方就是所有的马头翘角、屋檐下和大门的上方或房檐下或门头上的彩绘彩画。这些彩绘彩画多以花草、人物、民间戏曲故事为题材，如三顾茅庐、昭君和番、三娘教子、朱仙镇八锤，以及二十四孝、《西厢记》、《杨家将》、《三国演义》中的戏剧传统人物、不同故事等等，尤其以清代服饰人物画居多。虽然年代久远，仍有光泽，且鲜活生动，栩栩如生。若就檐画的话，岭头无疑是"湖南檐画第一村"了。

宁远县 岭头村 檐画

宁远县 岭头村 檐画

宁远县 岭头村 檐画

宁远县 岭头村 檐画

　　这些檐画、彩绘又有着强烈的装饰作用。笔法工整，构图简单，均为民间画师的作品。人字顶翘角上的花卉人物、龙凤图案，寓意吉祥与喜庆；游走于山水亭阁间的达官贵人，多有几分闲情逸致，每一幅都是一段历史故事，建筑与历史传统文化在这里得以艺术张扬。

宁远县 岭头村 房垛檐画

宁远县 岭头村 房垛檐画

　　清代的岭头村就已是宁远县的大富村，这个遗落在大山脚下的古村我
先后去过数次。每一次都被那斑驳又鲜活的檐画所感动，如同参观一个个
"画廊"，欣赏一幅幅长卷，让人目不暇接，心旷神怡，真有"人在村中走，
如在画中游"之感。

新田县 彭梓城村

彭梓城·彭氏族群

初识彭梓城是从一个美丽的传说故事开始的。相传元朝至正年间（1341－1388）的某一天雨后，嘉禾县秀才彭子成不知是上京赶考，还是离京赴任，又或者是有别的急事，策马匆匆经过此地，马蹄溅起泥水打湿了道旁村姑的衣裙，彭秀才慌忙下马致歉。无意之间，发现村姑端庄貌美，周边山清水秀，顿时沉迷于此，再也不愿离去，遂托媒与村姑结为夫妻，并就地安家，因之此地取名为"彭梓城"。

一位钟情的秀才缔造了气势如此恢宏的古村，让人无不敬仰。其实，他们的先祖叫彭子成，嘉禾人，考取功名后在梅州当刺史，后任广东通判。他的妻李氏生有两个儿子，叫贤仲、斌仲。李氏是宁远下灌人，回娘家路过此地，感觉风水很好，不愿再回嘉禾，便带两个儿子和两个家丁买了5亩地居住在此，从此村子由这两房繁衍下来。至今村里的两个大祠堂为两族，就是这两房先祖分支繁衍的。现在村里共有2000多人，100余座老宅建筑。

故事是美丽的，而眼前的彭梓城村确实有着旖旎的风景和深厚的文化底蕴。彭梓城曾经实实在在是一座城。在彭梓城立村之后的数百年间，这里人丁兴旺，人才辈出，且名扬遐迩。"北京城，南京城，不如我们的彭梓城！"这是彭梓城人经常挂在嘴边的一句话，这不是他们自夸，而是他们有充分的理由建造自己的家园，热爱自己的家园。

彭梓城因水而滋润。村东头有一山泉从岩石缝汩汩涌出，汇成一条小溪，流到村中各个水井之中。彭梓城水井颇有名，过去有72口井，至今仍存20余口。其中最大最为出名的属"犀牛沐溪"井，井里一坨圆石好似犀牛潜卧水中，清水潺潺流，即便大旱之年也未曾枯涸，井旁有一棵重阳木古树与古井厮守了400年，依旧苍翠如昔。

村旁有一座文昌塔，一座古戏楼，一座私塾院，还有城墙、石拱门、凉亭。建筑按"井"字形布局，多为明清时期所建，砖木结构，青砖青瓦，灰墙翘角。这里人根据"天地一体，造化阴阳"之风水学，运用自然条件，还造设了村中"八景"：屏山听书，清泉沐犀，鳌背飞桥，双峰插翠，石门夜月，潭天秋色，磷穷咽波，西岩渔隐。这"八景"皈依自然，恰到好处。

几乎每个院落房屋基础为青条石，有宽敞的前坪，院落正门上方有宅名，如"清馆池""霓虹续弟""干止宏诒""三瑞丕基"等等。700年历史建造了一个有着历史文化底蕴的古村落。如今彭梓城多已荒芜。低头细看那些破损的石础，触摸那些残缺的窗花和褪了色的门联，似乎能够感觉到它们是在告诉世人，它们见证过古村的荣辱与兴衰。

这里曾经拥有过的时光，让不尽的记忆写满脑袋，当古城落寞，我能做的也许就是记录！

新田县　彭梓城村

新田县　彭梓城村

192

新田县 彭梓城村 公祠 戏台 惜字塔

　　彭梓城公祠很气派，两个石库门各有一副阴刻楷书对联："搴衣步月踏花影，坐石安弦听水声。""四面云山骐眼底，万家烟火注胸前。"厅内两旁墙上有"忠、孝、廉、节"四个摹刻大字。纵横石板巷道 50 多条，将 43 个院落相接。

新田县 彭梓城村 木雕屏风

新田县 彭梓城村 木雕窗花

　　彭梓城最大最豪华的院落，宅名为"三瑞丕基"。三瑞，指天时、地利、人和；丕，是宏大之意。昔日房主叫彭述之，据说其兄弟父子11人，有5个是秀才。堂屋正中悬一"三瑞丕基"匾额。上款：翰林院编修后督湖南学政吕为彭述之鸿基题。二进堂屋有寓意深刻的对联："松茂竹苞，九重厚眷家声远；兰香桂馥，三瑞卜徵世泽长。"其侧门还有对联："奎望当窗照，芝兰入室香。""四面云山堪入画，一廉风月正催诗。"屋内所有的窗棂木雕，工艺精细，不失为大家之气。

新田县 彭梓城村 庭院石刻

新田县 彭梓城村 庭院石刻

　　彭梓城厚实的文化底蕴反映在石刻及门联上，这家宅院的石刻大气而经典，如公平秤、荷花、梅花、动物等，且寓意深刻。许多门首有楹联，堂屋及客厅均有挂联、抱柱联，神龛有龛联，窗头也有"竹月""松风"等二字联，大致有50余副之多。

　　邵阳浪石村以石刻楹联著称，而彭梓城是楹联书写于门庭和室内最多的村落。这里的院落不仅有书香门第的意味，而且是一种民族文化的记载与传承。

新田县 彭梓城村 凉亭石刻联

车殆马烦，权留玉趾；
雪来柳往，稍慰渴思。

新田县 彭梓城村 庭院石刻 书法联

局面维新，鸟革翚飞光大厦；
门楣焕彩，龙吟凤哕耀淮阳。

新田县 彭梓城村 庭院书法联　　松茂竹苞，九重厚眷家声远；
　　　　　　　　　　　　　　兰香桂馥，三瑞卜徵世泽长。

治易重儒修，喜当前艮止坎流，栋隆叶吉；　　新田县 彭梓城村 庭院书法联
续诗蒙帝宠，望诸嗣伯歌季舞，馆阁蜚声。

永州市 零陵区 大皮口村

永州市 零陵区 大皮口村 鸟瞰

大皮口·杨氏聚落

湘南有几个很大的村落，走进去像是进入一座迷宫，如果没有村里人带路，在拐了几道弯之后，定会迷失方向，零陵水口山镇大皮口就是这样一个古村。带着串村走户的老人告诉我：大皮口全姓杨，其杨氏先祖智通公于元末明初自江西吉安徙到永州零陵水口山梅溪河畔起业，开荒拓地，一代代繁衍生息，形成了今日一个人丁兴旺的家族式大聚落。

大皮口有150多栋、40多座四合宅院，房屋大多建于清中晚期，虽然没有太多高大的高墙大院，但整个村落像统一规划了似的，布局紧凑，纵横相连、巷巷相通，宜居宜步。马头山墙结构，穿斗抬梁式架构，天井、雕花格窗、隔扇式屏门、漏窗以及走廊与巷道空间组合亦相当完整，致使庞大的砖木古屋造型质朴、结构牢固，为典型的湘南建造风格。

各屋之间相互贯通，过道铺以鹅卵石，连接处是大青石板。青砖青石、白墙黑瓦，飞檐天井、卯榫拼合，屋门上方还有各式浮雕和纹饰。不少院内门窗和廊枋上可见雕龙画凤等图案，外墙及门头上的花鸟虫鱼和福禄寿喜康宁等木刻、石刻惟妙惟肖，做工讲究。

大皮口古建筑群由门楼、祠堂、五家房、惜字塔、古民居几部分组成。门楼临近溪边，八字形大门、石门框、粉红墙，极其的抢眼，算是村里保存最好的建筑。

门楼有四排穿斗式梁架，每排五根木柱，中间两排的前檐柱立于大门外，用穿插枋与金柱相连。小卵石和小块石砌墙，粉饰以米黄色的灰浆。此门楼与众不同，一般门楼要矮于主要建筑，只有两排梁架，而且要与主要建筑在同一条中心线上，此门恰恰相反，不但高于主要建筑，且有四排梁架，位置也相距很远。

祠堂八字形的大门体现出门楼主人的地位非同一般，门两侧墙上写有"孝悌忠信 礼义廉耻"八个字，据说是村族人传承数百年的家风家训。写在如此显眼的位置，目的是教育后代时刻不忘优良传统与美德。

永州市 零陵区 大皮口村 宅院

　　在杨氏这些古院落中还有两栋当地人称为"洋屋子"的上下两层、全木质结构的建筑，均为清末一位杨氏大富商修建。那时的杨家是零陵西路水口山一带的大户，田产就有 3000 余亩，另外还有大片的山林和旱土。

　　大皮口古村和其他许多古村一样，损坏、坍塌的房屋不少，但有一个特别可喜之处是至今仍有不少人居住于此。再好的房屋若无人居住，好的也会坏得厉害，旧的会损得更加严重。

永州市 零陵区 大皮口村 宅院

　　有位老者带我去他家，看了两样东西：一个光绪元年（1875）间建造的巨大石
水缸。石水缸长2米、宽1米、高约1米，两边刻有吉祥图案和花纹，一侧刻有光
绪一八七五年一月十二日建造字样。这应该是湘南地区保存最完好的清代最大的石
水缸之一，已有140多年历史了。另一个是长宽约0.7米、高0.5米、光绪十五年（1889）
用圆石刻凿打造出来的用于祭祀烧纸钱用的焚烧炉，也有130多年历史了。

桂东县 文昌村 上新屋 鸟瞰

龙头·郭氏族群

十几年前去过福建闽南，见过那里各式各样的"土楼""围屋"，让人很是震撼。湖南桂东也有类似福建闽南的"土楼"和"围屋"。桂东的土楼坐落在沙田乡龙头村和文昌村。龙头村的围屋当地人称"新屋"，也有人称"围墙屋"或"土楼"，整个建筑呈椭圆形状，夯土墙结构，比较简陋，不能与闽南的土楼同一而语。不过这在湖南尚属首例，说明湖南古民居建筑具有多样性。后又有了闽南客家人郭氏居住的"围屋"。

"客家"字面意思源于秦征岭南融百越时期，历魏晋南北朝、唐宋，由于战乱等原因他们逐步往江南，再往闽、粤、赣边，最后在南宋已形成相对稳定的族群。以后又往南方各省乃至东南亚以及世界各地迁徙，并最终成为汉民族中一支遍布全球且人文特异的重要民系族群。

桂东郭氏从江西遂川悠富迁徙而来，湘南最高峰齐云山一半属湖南桂东，一半属江西赣州，仅一山之隔。由此不难看出，郭氏围屋融入了赣南客家及福建土楼的大量元素，故建造风格相似绝非偶然。龙头村围屋坐北朝南，主体一字排开，建筑由三个纵向的三进堂屋并排组成，正屋共有百余间，17 个天井，屋顶为本土烧制的青色小水瓦，没有风火墙。正屋门口有两根高大的木柱，柱础和门槛都是青石雕成，没有过多的花纹装饰，屋檐下有一个方形藻井。围屋整体为土木结构，主屋属典型的湘东地方建筑。走出正屋大厅，大门前有约

1000 平方米的、用鹅卵石排列砌筑成美丽图案的禾坪。禾坪前有约 800 平方米的大菜园和晒谷坪。

再往前是一口长方形池塘，池塘紧靠着圆形围墙屋，围墙屋共 14 间。池塘与围墙屋之中有条约 1 米宽的人行道，人行道边上有扶手栏杆。这条长长的围墙屋呈半圆团团围住郭氏围屋的正屋与大院。

一位老人介绍：解放初，这里是龙头人民公社，食堂、医院、学校、供销社都在这里，有 1000 多人。如今，还能在墙上隐隐约约地看到用朱砂泥写的"鼓足干劲，力争上游，多快好省地建设社会主义"标语。随着岁月的流逝，人民公社没有了，作为桂东县龙头人民公社的围屋却保存了下来。桂东客家郭氏围屋修建时间并不长，仅 100 多年的历史，后山有一块郭孔成墓碑，记载了郭氏围屋的相关资料。

清乾隆癸丑年（1793）郭孔成出生，后来被清代皇帝诰封为修职郎。郭孔成生育 4 个儿子，然而仅存长子郭孟韩。郭孟韩不愧为书香门第子弟，考取优增生，被朝廷试用训导，后升为国子监正衔。郭孟韩生 8 子，想到一个孩子一套房子，于是建造了这座围屋。

桂东县 龙头村 围屋

桂东县 文昌村 上新屋

　　郭映奎生于清雍正甲辰年（1724），五个儿子各自建了一栋大宅，其中两栋早已坍塌，仅存中新屋、上新屋、下新屋三栋。这三栋围屋虽然主体结构尚存，但已有不少倒塌，其中一栋主体建筑是一长排青砖房子，由几个天井院落并排组成。另一座当地人叫"八角楼"的院落，只剩下一些框架。据说八角楼是清代文武两考的场所，办过私塾和学堂，如今郭家后代在周边建了新房，八角楼成了堆放杂物和饲养家畜的地方。

桂东县 文昌村 八角屋

　　距离龙头村 1.5 公里处的文昌村，有三栋土围屋，一栋八角屋，亦为清代郭氏一族郭映奎所建，现多有损坏。从八角屋出来，只见一尊缺了腿的石狮睡卧在草丛中，不知躺了多少年，我不由得按了几下快门。一座围屋，半月池塘；一口古井，一杯浓香，野草、花间、墙角，不经意地会让你感受到静谧，或者冷落，甚至还有几分忧伤，这就是我镜头里的古村、老屋。

资兴市 辰冈岭村

辰冈岭·袁氏聚落

七月荷花正开时，我来到湘南资兴市三都镇辰冈岭村，万亩荷花连成了片，与老屋相映，很美。

辰冈岭是一个相对比较散居的古村落群，由三元、夏廊、木瓜塘、黄昌岭、石头丘5个自然村组成。《袁氏族谱》记载，袁氏始祖为五代后唐进士、毅勇大将军袁学渊，他本是江南和州乌江县汝南人（今属安徽和县），后唐庄宗三年（925）进士，授长沙府长史，后唐明宗元年（930）升郴阳太守，因年代动乱，后辞官迁徙至兴宁（今资兴），其长子袁琼曾任礼部尚书兼文渊阁学士，告老敕居辰冈岭脚下，今三都辰南村。

袁姓是资兴的大姓，袁氏先祖自北宋初迁徙至辰冈岭山脚下，逐渐向周边发展，至今围绕着辰冈岭已有十来个袁氏家族的自然村，其中木瓜塘是袁氏家族较早定居之地，被当地人称为"金鸡之地"，这其中还有一定的历史渊源和有趣的传说。

大约在宋末元初，在辰冈岭脚下老塘头，有袁氏两兄弟打桩分家，老大廷松因武力不及老二廷槐，只好离开老塘头回到另一居处：楼下。袁廷松有三个儿子，小儿子袁显章外出放牧，烈日炎炎的一天他来到一个水塘边的一棵大木瓜树下乘凉，见树蔸上有个洞，洞里隐隐传来小鸡叫声，袁显章便走近一看，是一窝金黄金黄的小鸡崽。他想，周边并无住户，何来一窝金鸡？觉得这是家业显旺之兆，于是回家和父母妻子商量，举家搬迁到木瓜树的水塘边定居。这果然是个发家的宝地，显章连生四男一女，代代人丁兴旺，逐渐开枝蔓延到周边，这个村也因此叫作"木瓜塘"，就是今日看到的木瓜塘古民居模样。

到了清朝中晚期，木瓜塘经历代扩建，已发展到一定规模。袁氏先人不仅靠着传统的农业为生，随着工商业的发展，也有人开始加入从商的队伍。其中一位名叫袁君华的先辈走南闯北，到了湖北汉口做煤炭生意。由于初来乍到，他没有占到好码头，只好在下游的一个码头租地囤货。

意想不到的是，因一次涨大水，袁君华凭着这意外得到的大量煤炭发了财，金银光洋一船船运回木瓜塘，在家乡建起了一栋栋相连一体的大宅院。虽然无从得知当年的袁氏先辈到底花了多少财力物力，历经多少时间才建造起了如此豪华大气的古民居，只看到现存整体布局为四纵三横的古建筑，它历尽沧桑，依然不减当年的雄姿。

村民说，以前木瓜塘四周都是2米来高的老青砖围墙，犹如一座城堡，村子兴旺鼎盛时期有500多人口，现在大多厅屋与房屋保存依然完好，村口和厅屋的大门上都写有"汝南第"三个大字，表明整个家族的来历。

在木瓜塘的厅屋里，有墙壁上写着袁氏孝顺诀和袁氏处事诀："父母恩情似海深，人生莫忘父母恩……""祖宗虽远，祭祀不可不诚；子孙立业，文化不可不学……"可见因为经商发了财的袁氏族人并未忘记先辈耕读传家的优良传统及孝道家风。

也许是先人的护佑，也许是汲取了这里的文脉之气，辰冈岭下代代有人才，尤其是黄昌岭，一直是人才辈出。在黄昌岭古民居前的禾坪上，原有三对旗杆石，现还有一对半，其中一根旗杆石上还刻着"贡生袁大楷"的字样，这些旗杆石就是本村出过人才的见证。

资兴市 辰冈岭村

　　紧邻木瓜塘的黄昌岭自然村，现有一座祖厅屋，6 间横厅屋，105 间房，八纵两横，连成一排，青砖黛瓦、浑然一体，三进两天井的古厅屋高大气派。随着人口的增加，如今的三元、隔背及黄昌岭三个自然村已经连在了一起，曾经相隔的池塘、田土有的建了房子，有的种了观赏性的荷花，几乎看不出这几个自然村的分界了。

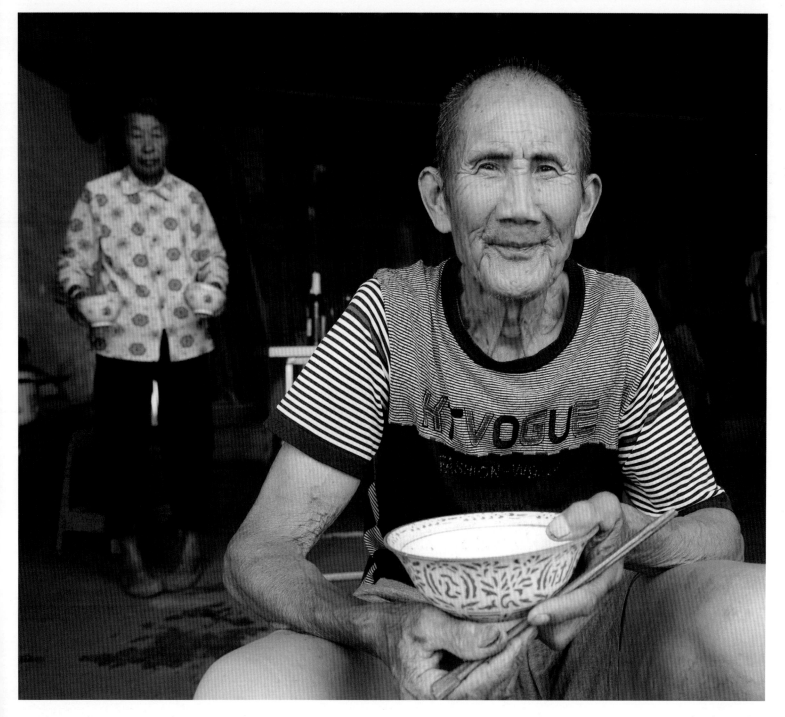

资兴市 辰冈岭村

　　若仔细看这位 80 岁老人手中的瓷饭碗，会发现有"公社"二字，那是 1958 年人民公社大食堂时期烧制的，已有了一些年代，那是一个热火朝天年代的产物。我问他们那么破旧的碗怎么不丢啊？老人说，大食堂几百号人在一起吃饭，很是热闹。那时没有饭吃，现在有饭吃更加舍不得丢了。

武冈市 浪石村 石联

浪石·王氏聚落

武冈双牌乡浪石村，比较完整地保存着自明永乐七年（1409）到民国二年（1913）修建的四大片民居，共有房屋88栋。古民居坐北朝南，排列整齐，布局巧妙；横看是院，纵看是街，四通八达。每一排房屋之间为青石板铺就的巷子，三条南北巷道将各个院子连在一起。

浪石砖木结构的老宅子，两端是青砖砌就的彩绘、翘角、风火墙。风火墙也叫山墙，如果一户不慎失火，它可以把火封起来，不至于殃及别家。风火墙一般分四种：一字墙、二字墙、三字墙、人字墙。浪石民居风火墙叫三字墙。其实山墙还有一个特别重要的功能，就是美化了建筑物，以致让建筑有了艺术和别样的审美情趣。

浪石村最具特色的是几乎家家房屋角门石柱上有石刻楹联，村主任说，过去统计过有200多副，至今保存完好的石刻楹联有41副，木刻楹联20副，墨迹楹联1副，已毁171副。浪石村的楹联不但数量多，而且内容丰富，情趣高雅，言志、写景、抒情，各具文采；楷、行、隶、草、篆，五体俱备，被誉为"中国古楹联第一村"。

耕读传家是王祖清、王政海的遗训，既耕且读，浪石王氏的后代谁也没有忘记，他们遵循祖训，无论是种田、经商，还是做官，都不忘诗书传家，都斯文风雅。王氏一脉在朝中为官者甚多，浪石有几副楹联出自清代大书法家何绍基之手，如："柳絮飞残幽巷景，梅花香到小门春。""聊以避燥湿寒暑，差不同湫隘嚣尘。"何绍基当时在四川为官，而浪石王氏七代孙王永俊任四川成都知府，其本人当时也是著名书法家，都是外乡湖南人，想必有了来往。

浪石王氏购田产、兴家业，几十里外都有他们的田庄，是雄称一方的大财主。从明末至民国初，历经数代，相继兴建了大院子、上房头、二房头、刘家坳四大块民宅。对此，《王氏族谱》均有记载：明洪熙元年（1425）至清康乾盛世间建大院子，明成化十五年（1479）筑三眼井，明万历三十七年（1609）建金山寺正殿，明崇祯三十二年（1659）建田心庙，清顺治十六年（1659）建王氏宗祠，清康熙元年（1662）创办私塾学校。清乾隆十六年（1750）修担水江上八座桥，清道光年间（1821—1850）至民国初年（1912），建上房头、二房头、刘家坳三大片民居。现存大院子保留明末至清嘉庆年间的46栋民居，多处墙上砌进铭文砖："清康熙五十二年八月作砖""乾隆十四年己巳岁作砖瓦""嘉庆三十五年造"字样，等等。先人们有意无意地用文字记录了浪石古村的历史。

家家门口的石联或言志，或写景，或抒情，或养生，对偶工整，平仄协调，寄寓着古贤先哲的高尚情操，意趣风雅，境界开阔。其数量之多，给人以很大的艺术震撼力，凸显了浪石的历史文化与人文底蕴，算是给今天的湖湘历史文化留下了一笔传世遗作。

武冈市 浪石村 石联

214

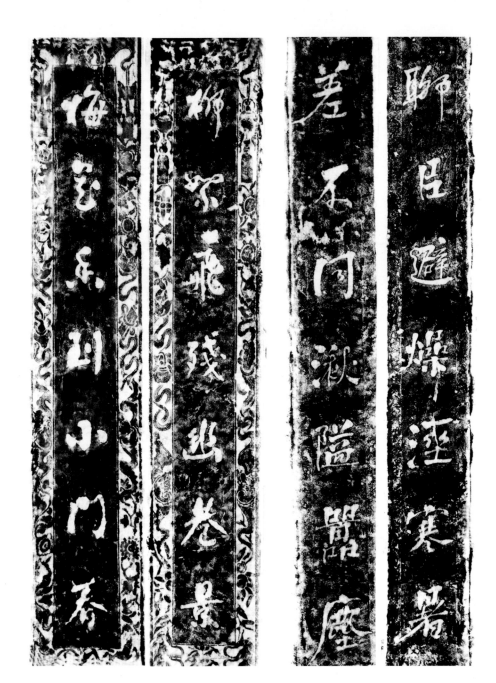

武冈市 浪石村 石刻楹联 拓片　　　　　　　　　　　　　　武冈市 浪石村 石刻楹联 拓片

　　浪石村石刻楹联均刻在角门两边，出门进门都看得到，如反映村名的对联：浪静水清行龙卧，石奇风香藏虎踞。其他如：放眼相关天下事，入门且喜一家春。万里前程从此起，一生大业看将来。齐家治国平天下，尽孝竭忠处世间。往来若乾坤旋地，出入如日月经天。碧水环门龙起舞，丹山绕石凤飞鸣。三珠玉树门前绕，五子经书室内香。一轮秋月光凝户，十里春风香到门。月白风清，志甘淡泊；云环水绕，气抱中和……柳絮飞残幽巷景，梅花香到小门春。聊以避燥湿寒暑，差不同湫隘嚣尘。

武冈市 浪石村 石刻

石刻文：河洛原来一太极，中有两仪立乾坤。天好生兮地好成，万古阴阳由兹定。走出四象居四方，各司其职逞英能。裂为八卦施造化，地支配成天干临。乾精成神变星斗，坤气凝结山川形。神与气合生五行，土在其中运不停。一气流行无穷已，玄空物件一窍生。万事万物随运转，荣华富贵于兹分。神通总不离五行，道悟此理活神灵。吾有旨令听吾令，二十八宿旋庐行。轮流值日团团转，切莫迟留并逆旋。起明长更夙夜舞，五星四余在外辅。嘱予紫微同日月，广照吉祥降吾庐。民国丙子年王云池建造撰书。

武冈市 浪石村 石联

细细品读，每一副都颇具意味。"文革"期间，浪石的门联破坏了很多，许多字迹几乎无法辨认，还有的被文物贩子买走。不过，这里有的老人仍能够背诵出来。如村中王氏宗祠大门联："自云岭蜿蜒而来，诸峰耸峙，毓秀钟灵绳祖武；由贤公庐居以后，三房分派，长源厚泽贻孙谋。"此联恰到好处地道出了这里的自然环境与历史渊源。

武冈市 浪石村 木雕

　　浪石有这样惊世骇俗的民居老宅，应该追忆拓荒浪石的王氏先祖。有个叫王祖清的人，生于元末，明初时在武冈岷藩王府为官，明洪武四年（1371），武冈农民起义时，随武冈岷藩王外逃，后隐居于龙口井头山（今邵阳市境内）。到了明永乐七年（1409），王祖清的长孙王政海迁居到武冈城百余里的李家坝。这里有一片宽阔的田野，且四周的山峦起伏如波浪，山上又多卧石，于是改李家坝为浪石，从此王家子子孙孙在此繁衍，薪火相传。

武冈市 浪石村 屏风木雕

　　浪石门柱、石墩、门槛尽为整块青条石。这里不仅仅有石楹联，还有精致的木雕。这些木雕有飞禽走兽或人物故事浮雕等等；许多院门呈拱券状，角门上方为半月弧形，有西洋建筑元素；窗、门、柱、龛、梁上的浮雕和镂空花雕，工艺精湛，寓意深刻，线条简练流畅。

　　堂屋的木大门是高门槛，有两扇门、四扇门、六扇门不等，框内的雕刻，内容或飞禽走兽，或奇花异草，或是中国传统连环画《三国演义》《水浒传》《杨家将》《桃园结义》《龙凤呈祥》《李逵负荆》《辕门斩子》等等，有的是镂空浮雕，立体感很强。

219

江永县 上甘棠 鸟瞰

上甘棠·周家聚落

在湖南的古村落中，距离江永县城西南25公里的上甘棠，知名度很高，但要真正了解上甘棠并不容易，我10年中前前后后去过五次，每去一次都有收获，不仅仅是因为那里山美水美，更是因为它是一个文化底蕴十足的族群大聚落。

江永属湘南的最南部，古代远离中原文化中心，但在湘桂交界莽莽群山中的上甘棠，承载的却是中原文化的印记。尽管那一带多是瑶民，上甘棠居住的却全是周姓汉人。

据清道州《周氏宗谱》记载，上甘棠周氏族人为召公姬姓后裔，姬姓因建立周朝而改姓周。隋朝末年，周氏南迁始祖周归仁由山东青州迁到湖北襄阳，至第四世周安时生如锃、如锡二子，长子周如锃官至韶州曲江县令，后升至大理寺评事、征南大帅卫上将军，出知道州。次子周如锡官至广东高州刺史、征南大元帅。唐朝贞观元年因言事忤旨，被贬营道散参军，自此周氏族人移居永州宁远县大阳洞。

如锃、如锡共生有24个儿子，以"弘"字辈排行，称"二十四弘"。其中"十弘"先后迁移至永明县（今江永）。唐太和二年（828）周如锡十五子周弘本迁居上甘棠，后世又有其他周氏族人迁入。1000多年来上甘棠遂成周氏族人世居地，世代繁衍，延续至今，为瑶乡少有的几个汉人居住的古村落之一。

走进上甘棠，宛如步入世外桃源，这里山水如画，古色古香，200多幢明清时的古民居至今保存完好。文昌阁立于谢沐河西岸，高四层，始建于明万历四十八年（1620），左侧是"前芳寺"，后侧为"龙凤庵"，还有古驿道。

上甘棠还是谢沐县从汉元鼎六年（前111）至隋开皇九年（589）长达700年县治所在地。谢沐县以谢沐二水汇合为谢沐河而得名。这两条水实则为雌雄二水，雄水发源于都庞岭雄川源，源于高山雨水；沐水为雌水，源于石灰岩地下水。雄雌二水汇合处，山环水抱，得天独厚，确是一方风水宝地。南宋周明季有诗曰："舂陵周氏溪山胜，多少骚人为业扬。我道其间插不进，一图太极是甘棠。"

周氏先祖唐朝天宝年间在此定居立宅，至今已达1240年。考古专家们说，1000多年的村庄，村名、位置、居住家族始终不变，而且集民居、商铺、书院、庙堂于一体，保存完好，实属奇迹。

上甘棠为何叫甘棠？据说是因为他们的祖上是从宁远大阳洞搬来的，大阳洞有一种树叫甘棠，取名甘棠，是为了不忘祖居之地。而甘棠树亦大有来历，《诗经》中的《甘棠》一诗，歌颂西周时任西伯的召公受文王之命行政南国、决民间讼事于甘棠树下的事迹，后人思念召公之德，将爱慕寄托于召公曾休息过的甘棠树，不忍砍伐。"召伯甘棠"的动人故事由此流传至今。

江永县 上甘棠 步瀛桥

　　步瀛桥为上甘棠标志性建筑。步瀛桥位于文昌阁旁，为上甘棠主要出入口。古碑刻记载，取步瀛桥名字是仿唐太宗时学士登瀛洲之意，故称"步瀛桥"。步瀛桥为三孔石拱桥，桥长30米，始建于北宋靖康元年（1126），因雨季谢沐河上游来水汹涌，将石桥冲塌长约7米、宽约1.5米，缺口至今还在，不过行人仍能通行。

　　跨过步瀛桥，来到谢沐河东岸将军山下，近百米山崖上满是摩崖石刻。此处被称为"月陂亭"，相传为唐代征南大将军周如锡读书处。虽然"月陂亭"早就没有了踪影，但至今保留下来的27块石刻仍在向人们展示着它的历史与文化。有首《咏甘棠》石刻碑诗是这样描述的："永明巨族是甘棠，从古贤豪姓氏周。忠厚遗风犹未远，维持名教在纲常。"

江永县 上甘棠 摩崖石刻 文天祥手迹 "忠孝廉节"

　　在这众多石刻中，最有名的是南宋著名爱国将领文天祥题写的"忠孝廉节"四个大字。文天祥的题字我是第一次在摩崖上见到，开始还在怀疑文天祥的手迹怎么会留在此处，于是一问究竟。有史料载，时任湖南提刑的文天祥曾因平定广西恭城秦孟四叛乱而进驻永明（今江永）。一日，与文天祥在京城知交的上甘棠人周德源回乡探亲，便前去拜访文天祥，并向其求字。文天祥有感于南宋江山岌岌可危，朝中却尽是贪财怕死之徒，当即挥毫写下"忠孝廉节"。

　　乾隆二十八年（1763）永明县令王伟士得知上甘棠藏有文天祥手迹，出于对文天祥的敬仰，命人将四字刻于"月陂亭"崖壁上。字距离地面1米多高，每个字高1.8米，宽1.3米，正楷阴文，落款是"大宋忠臣文公山书"。

江永县 勾兰瑶寨 门楼

兰溪·群居聚落

兰溪，镶嵌在有着桂林山水般的山环水绕之中，寨墙、寨门，庙宇、古井、凉亭、楼阁、戏台、红砖民居，形成了瑶族山寨独特的自然风景和人文景观。无论是登高而望还是在寨中流连，环抱的青山与溪水，风雨桥与古瑶寨，都是一幅天然的风景画。

江永县兰溪勾蓝，又名勾蓝瑶，黄、何、蒋、欧阳等13姓瑶民聚集而居，2900余人。勾蓝有碑文记载："予祖昔居万山中，山勾连透，溪水伏流，色蓝于靛，因名勾蓝。"据史记，勾蓝瑶人在此定居已有千年，从先秦开始历代统治者对瑶族都实行严厉统治，瑶民起义不断，失败后逃进兰溪，为了抵御官府，他们修筑了城墙、城堡、寨门、守夜屋等，故勾蓝瑶寨是典型的城堡式山寨。

明洪武二十九年(1396)，兰溪勾蓝瑶与源口瑶族乡扶灵瑶、粗石江镇清溪瑶、古调瑶一起受招安而归化，谓称江永县的"四大民瑶"，经过官府编户入籍，正式纳入中央政府的管理，行政上又为相对独立的瑶族聚居区。现遗存的三个勾蓝瑶寨即上村、下村（黄家村）和大兴村，均相距不到1公里。

勾兰瑶寨有四道防御工事：城墙、门楼、寨门、巷道门。外围是依山势用石头砌成的城墙，高二丈，宽丈余，至明嘉靖年间全部完成，全长2000多米，今尚存1000余米。有石城门9座，并在关隘口上建有守夜楼，类似长城的烽火台。有门楼12个，今仅存1个。寨门和巷道门，巷道门内还有宅门，条条相通并连接各家各户。

勾蓝瑶寨的民宅，小巧淡雅，清新自然，古朴厚重；天井庭园，寨门巷道，清静幽香。宅院多为"三堂间"布局，中堂比两厢宽。两厢为卧室、储藏室。正壁设神龛，正壁后有通向二楼的楼梯。正堂对面为天井，天井前设照壁。著名的"让泉巷"，里面有一老宅，过去叫何氏进士坊。族谱记载，兰溪曾出过8名进士、秀才。"让泉巷"一家就有2名。今日房主为何金林、黄妙翠老人，他们是何氏的后人。

在勾兰行走，见在山脚下菜地旁洒落一些无人问津的石碑，足足有数十块之多。我扒开杂草辨认，这些石碑大多为清代，也有明洪武二年（1369）所刻，不少已经残缺，全当篱笆墙在使用，有石碑刻着这样的文字："青山环拱，绿水萦回，村舍为之环列，林树为之荫翳。""前川如虹贯日，后山如燕归巢，左右林壑尤美，繁族经居，乃应山川之王气。"

无疑，这些碑刻是在无声地告诉世人，这里的自然风貌和她的沧桑岁月。"问今是何世，乃不知有汉，无论魏晋。"忽然想起陶渊明的《桃花源记》，勾兰瑶寨，或许乃世外桃源也！

江永县 勾兰瑶寨 寨门

228

江永县 勾兰瑶寨 风雨桥凉亭

　　桥，是勾兰瑶乡一景。兰溪人称风雨桥或廊桥，桥为木质结构，桥上筑有凉亭，原来共有19座，坏了13座，现存较完整的还有6座。立于村口的"培元桥"，为兰溪瑶寨风雨桥的经典。这些风雨桥造型优美，精致舒适，凉亭里均有长条木凳或石凳供人们歇息，形成"水上有桥，桥上有亭，亭下有井，井旁是人家"的优美景观。

　　井，也是一景。兰溪瑶寨处万山之中，古井之多、水质之好，这是许多古村落所没有的，如山泉般清澈见底的水，顺着许多溪流从许多人家门前流过，千百年来上百口小古井一直饮用至今。蒲鲤古井位置最高，为兰溪的源头。

江永县 勾兰瑶寨 民宅建筑

这里的民居建筑与汉族建筑的风格外形区别不大，所不同的是汉族的房屋用的是青砖青瓦，勾蓝瑶寨用的是绛色红砖红瓦。有文物专家解释，烧砖"火候"不到家，烧不出青砖烧出了红砖就将着用了，久而久之，红砖房则构成了勾兰瑶寨独有的古民居颜色。

江永县 勾兰瑶寨

　　勾蓝瑶寨现今保存 22 座明代古民居，51 座清代古民居。历史上居住在这里的瑶民是不与外界通婚的，都是男子做"上门女婿"，女子不会嫁到外面的村落，可谓是"肥水不流外人田"。旧时这里有商铺，现在寨墙上还能看到一些商铺商号斑驳的字迹。黄老支书说，这里的商铺很单一，从外面进的多是一些盐巴之类的东西，粮食自己产，衣服自己织，基本属于一个封闭的自给自足的小社会。

江永县 勾兰瑶寨 老者服饰

江永县 勾兰瑶寨 瑶族老人

勾蓝人的服饰现在与汉人已无二样，他们的传统服装只有在节日庆典时穿，平日里年轻人是不穿瑶家衣裳的。不过上了年纪的老人仍然保持着瑶家的装束。只是，这里有一乡俗，老人过世，连同他们的衣裳会全都装进棺椁里，不会留下的。应我请求，他们把藏在自家箱子底几十年的旧瑶服搬了出来，见到这些色彩斑斓的瑶族服饰，恍如隔了一个世纪。

江永县 桐口村 鸣凤阁

桐口·卢氏一族

女书，目前世界上唯一一种特为女人存在的文字，其发祥地在湖南南部江永县上江圩的浦尾、荆田、白巡、夏湾、桐口、河源等村落，在桐口寻找了整个村子，走访了一些老人，都没见到一个会写女书的。几位80多岁的老婆婆说，年轻时写过，但这几十年都没拿过笔。让人欣慰的是，在不远处的河源村却见到了一位82岁的女书自然传承人何艳新。

桐口是一个远近闻名的"进士村"，她背倚葱郁的都庞岭，前临清澈的潇水河，坐北朝南，依山傍水。据《卢氏族谱》记载，始祖卢绍基宋初任道州刺史，在任上，卢绍基举家从山东曲阜南迁，因有"遇口而居"的传统，故选择桐口村定居，至今已延续40余代，有上千年的历史。千余年间，村里出过许多文武人才，仅明清两朝出过1名探花、6名进士。至今卢氏门楼如意斗拱下挂着"进士乡"的牌匾。

桐口最为醒目、最具特色的是三个标志性的建筑：卢氏门楼、鸣凤祠、鸣凤阁。卢氏门楼位于桐口广场入口的主中轴线上，共三进。前进为正门，三开间，硬山顶，风火山墙，前后六驾三柱，中柱设门，为插梁式穿斗结构，扁作月梁造；二进为四开攒尖顶戏亭，亭顶内设鸡笼式藻井；三进为正殿，三开间，插梁式穿斗结构，扁作月梁造。

鸣凤阁建于桐口南面潇水左岸的稻田里，三层，呈八角形，每角边长6米，周长48米，正门上书"鸣凤阁"三个大字。此阁始建于明正德丁卯年（1507），建阁之说有两个：一说因旧时与北邻的道县桐溪尾村争木林而械斗不休，建阁以供瞭望。二说是文昌兴学，祈盼人才辈出。鸣凤阁檐下有溪沟，流水来自桐口源，终年不涸，注入潇水。远远看去，鸣凤阁与青山绿水，屋舍田畴构成了美丽的山水田园风景。

除卢氏门楼、鸣凤祠、鸣凤阁公共建筑物外，桐口古民居建筑一样有气势。这些建于清代中后期的近100栋老宅，虽然不少建筑被用作牛栏、猪舍、柴房，然而其文化韵味依然可见。较为有名的宅院大门门楣上方写有"凝瑞""和风""梦余""祥云集""威凤祥麟"和"祥徵三凤"的字样。

让人有些费解的是，卢氏始居地山东曲阜，那是孔子的故里，卢氏后人理应崇儒尊孔，桐口也应该是儒学名村，然而桐口的建筑室内外装饰图腾，却是凤鸟之类。鸣凤阁、鸣凤祠及古民居的门庐装饰多是凤鸟彩绘浮雕。石墩和室内窗格、窗花都有凤鸟、孔雀、喜鹊、盘瓠、葫芦等浮雕，崇鸟文化意识非常浓厚。曾有人提出：难道鸟图腾崇拜与儒家学派有密不可分的渊源？

桐口的历史，好在全都记载在卢氏家族的族谱上。桐口现存一部古线装本老族谱。说起这老族谱，曾经有一段佳话。村里一位老人说，卢家族谱本来差点被毁掉，是一位名叫卢付德的老人几乎是从火堆里抢救出来的。

"文化大革命""破四旧"时，卢家的族谱和上圩镇别的姓氏的族谱都被收拢到当时的上江圩公社，并要求每个村去一个人处理这批族谱。当时抗美援朝回来在村里当干部的卢付德多了个心眼，他还喊了个人一起去。到上江圩后，他仗着自己参过战、老革命，便提前到了堆放族谱的房间，挑出一本卢家的族谱丢到窗外让同来的人给带回去，剩余的全都一把火烧了。

一个古村一部史书，史书里又有书中的故事，让人品读，让人品味。

江永县 桐口村 "乡进士"牌匾门楼

　　鸣凤祠，卢氏家族集会和祭祀先人的地方，大门为两合木门，门两侧有石鼓一对，上马石两个，显得威严壮观。共两进，首进为门屋，三开间，前后三柱牌楼形制，前后檐下施三跳出如意斗拱，正面檐下有"鸣凤祠"匾，中门上方悬挂清道光元年（1821）奉旨承恩题匾；第二进为正厅，三开间，五椽栿对前乳栿用三柱插梁式穿斗结构，扁作月梁造，两山不设柱梁，为山墙搁檩做法。整个大厅的木雕以"凤""雀"为主，也有"龙""猴""花草"等图案。让人赞叹的是鸣凤祠屋檐下的如意斗拱，绛红色的斗拱，由曲木构成，一根根曲木，如向上举着的手臂，一层托着一层，虽过去200百年了，这些手臂仍显得非常有劲。祠内曾悬挂有"德昭名儒""执义世家""笃义世家""隆养止庠"四块牌匾。

江永县 桐口村 乡进士门楼「恩荣」匾额 清道光元年(1821)

江永县 桐口村

江永县 桐口村 "贞洁古稀" 牌匾

　　贞节，最早指有纯正高洁的道德观念的女性。通常是古时用来表彰一些死了丈夫或年长不改嫁而符合当时年代道德要求，流传特别事迹的女性。桐口村这块"贞洁古稀"匾额是一户人家长年放置在阁楼上，在我与农户闲谈时偶尔发现的。它见证了江永女书女性那个时代从一而终、坚贞不贰。

江永县 河源村 何艳新女书 「鸟语花香」

　　女书记录的是湖南江永当地流传的一种土话，形体呈斜长的菱形，这种奇特女性文字源于女性诉苦诉哀的妇女创造、妇女使用、写妇女生活，它靠母亲传给女儿，老人传给少年的自然方式，一代代传下来。作为一种极具地域特色的传统文化，于2006年被列入第一批国家级非物质文化遗产名录。

　　传说女书是盘巧创造的。很久以前，江永县上江圩乡桐口村有一个姑娘叫盘巧，她最会唱歌，擅长女红，喜欢结交姐妹。有一年，盘巧在山上砍柴时被道州官府的猎队抓走，关在道州城关。亲人和姐妹不知她的去向，无法营救。盘巧用织花边的图案创造了一种文字，写的信藏在猎狗身上，传回到家乡。姐妹们用土话读出了这些图案字，看懂了信的内容。亲人们去道州城关救回了盘巧，从此这种图案字就在当地女性中流传开来。

　　女书记录的语言是与众不同的永明土话。它的发展、传承及符号承载的文化信息构成了女书风俗。这种农家女专用文字，实则是汉字的一种变体。数百年来女书流通的地域范围方圆不过百里，流通的人群范围也只是农耕社区成员中的妇女。但就是这样一种奇特文化却成了湖湘文化中的"独一无二"。

　　随着时光的远去，女书行至今日已基本处于灭绝的状态了。82岁高寿的何艳新老人作为女书自然传承人，已是"独一无二"了。当第一眼见到她时，尤其是看她写字唱歌的神情，感觉她满脸都是女书。应我的请求，她当场写了"鸟语花香"四个字的女书。一旁的书法家、女书爱好者冯铎先生也仿写了这四个字，大家连连拍手叫好，确有异曲同工之美。看来无论何种文化，对语言与文字都是有其灵性的。

江永县 河源村 女书自然传承人何艳新

何艳新，江永县上江圩镇河源村，1939 年出生，女书自然传承人，不仅会写还会唱，10 岁时就跟外婆学习女书。她在解放后上学读书，是新中国第一代会女书的有文化的妇女。因为会女书，她去过很多地方，几次去北京大学、清华大学，两次去日本和中国台湾讲述并表演她的女书。1997 年，她在日本讲女书唱女书，每每讲起这些，何老太太都记忆犹新。

江华瑶族自治县 井头湾村

井头湾·蒋家聚落

清早，沿着井头湾一湾清澈溪水逆流漫溯，满河绿油油的水草在飘荡。有的妇人在溪水里淘米洗菜，有的在捶打衣服，小孩在玩耍打闹，母鸡带着崽崽在外面觅食，耕田农夫背着犁铧，牵着牛走过，一声长"哞"，把遥远的童年乡音唤醒，仿佛回到曾经熟悉的乡村田野间。

井头湾，顾名思义，有一湾见尾不见头、见头不见尾的井水。第一次走进井头湾是 2011 年 3 月，天下着蒙蒙细雨，脑海中浮现出"烟雨瑶寨"四个字。那时的井头湾还是沉睡着的，房前屋后到处长满了杂草，一弯溪水，四处堆积着杂物，含苞的桃花歪歪斜斜地长在菜园子的墙角里，一看便知这是仿佛沉睡了千年的古村落。

淅淅沥沥的小雨打在青石板路上，古朴瑶寨被淡淡的雨雾笼罩，行走在静静的雨巷中真有一种穿越了几百年的时空感。第二次到井头湾是时隔 6 年之后的 2017 年秋季，古村已经焕然一新，一看就知道是政府刻意打造了的。虽然屋檐翘角都刷上了白色的石灰，似乎有了点仿古的味道，但仔细一看，"老"的东西还是沉在骨子里头，弥久醇香。

井头湾位于江华瑶族自治县南部大石桥乡，一个与广西接壤的少数民族小村庄，有一湾井水，从村尾一路沿水寻源，弯弯曲曲，走到村头山下有一个井眼，人们习惯叫它龙头井。住久了，人们喊"井头湾"。井头湾的水来自姑婆大山的地下阴河，从井头湾后笼山两边看是虎，从东向看像条龙，故而又叫龙虎山。

这里人姓蒋。有关蒋氏一族何时来到井头湾，资料显示与民间传说不一。一则说明末清初，为避战乱，道州商人、蒋氏始祖蒋汝新携子蒋宗文、蒋宗易举家迁徙，来到这里，因所带水牛赖在一口井里纳凉不走，蒋汝新便在井边落了户。另一则说井头湾蒋姓老屋在明朝就有，当时有 12 户人家，出了 13 个戴顶秀才。明末之后，蒋家开始衰败，只留下蒋汝新一根独苗。由于家境贫寒，蒋汝新小时帮人看牛，在外婆家长大后才回到井头湾立宅居住。不过，不管哪种说法，蒋汝新在井头湾被尊称为开基公倒是不假的事实。

井头湾的古民居分为宗文族部分和宗易族部分。宗文族部分由上屋顶民居及门楼组成。宗易族部分由三座大屋民居和上下两座民居及八字门文昌楼组成。三座大屋始建于清道光十年（1830），由蒋宗易后代蒋光椿、蒋光柏、蒋光槲三兄弟于清道光二十三年（1843）建成，分上、下两座。全村超过 200 年的老宅有 50 余座。来过这里的建筑专家们说，井头湾是一个集江华平地瑶文化与广西梧州瑶文化于一体的民居风格古建筑群。

这里出过最大的官是蒋士爵，属蒋氏第六代，登仕郎五品官，其父子公孙一家三代均为秀才出身，其父亲蒋光柏当年与道州东门、朝廷重臣何凌汉私交甚好（何凌汉即何绍基父亲）。何凌汉曾写过一副对联送给蒋士爵家："山中宰相谁人识，海外神仙何岂知。"

井头湾大屋里的修饰也很有讲究，雕工、画工、做工也都精巧。这里人说，下屋一般是家里请的仆人住的，中屋一般为长辈的儿孙住，而上屋就是长辈们的住所。房屋分正房、厢房、下房。正房与厢房、厢房与下房之间靠一个呈"回"字形的天井隔开。房的左右建有用青石板铺成的走廊。整个院落高墙耸立，青瓦盖顶、门楼天井，有石墩石柱、石刻木雕、龙凤花鸟、门台楼阁，这样大气的民居古宅，在湘南瑶乡极为罕见。

江华瑶族自治县 井头湾村

　　村里最老的、最为壮观的是八字门的三座大屋。关于三座大屋的兴建还有一个动
人的传说故事：蒋氏家族因贫寒，无米下锅，只好带着儿子到广西交界地开荒，挖地
时竟意外挖出银坛子，后来就用这些银子建成了三座大屋，其他民居也竞相依左右而
建。推开这幢三座大屋厚重的木门进去，幽静、深重、古朴的气息立马迎面扑来。三
座大屋，顾名思义由上、中、下三间大屋构成，飞檐翘角，很是气派。

江华瑶族自治县　井头湾村　九侯第门楼

江华瑶族自治县 井头湾村 瑶家织锦

　　走出三间大屋，见巷道口旁放着一台古老的织锦机，几个瑶族妇女正
在织着色彩鲜艳的织锦。看来生活在这里的村民，在享受现代化带给他们
多彩生活的同时，依然眷恋和守候着旧时光和古老传统的某些生活习俗，
这无疑是古村落的一景。

江华瑶族自治县 井头湾村 长鼓舞

　　这里的男女喜欢跳长鼓舞。传说江华瑶族长鼓舞已有近千年的历史。宋人沈辽作的《踏盘曲》就清楚地描写瑶族节日民间舞蹈活动的实况：湘水东西踏盘去，乐神打起长腰鼓。他们长期过着游垦式生活。每到一处都要建造木屋安家，因此，建造木屋的劳动生活就成了长鼓舞的主要表现内容，尤其是每逢喜庆日子，他们会走村串巷，展示瑶族人自己的这一特有民俗舞蹈。

草市·古镇

　　1961年10岁时，母亲带我去南岳"烧香"，半夜间把我唤醒，从安仁县龙市乡石禾堂走到攸县渌田再到江口，天才蒙蒙亮，在那里上了一条小筏子船。小筏子船只能坐几个人，大概十来里水路就到了衡东县界的草市。草市坐落于洣水边，从茶陵来的洣江与安仁来的永乐江在此汇合，江面自然变得开阔起来。小木船在草市停靠，改上了另一条大点的木船。一群人上了草市街，母亲生怕我走失，紧紧拉着我的手上码头，走了数级石阶才到了街上。

　　街上清一色的青石板路，两边净是些木板门面的铺子，铺子门前挂着各式各样的招牌。那天正好赶场，人挤人，只看见人脑壳。草市沿水而建，有很多条横七竖八的街巷，每条街巷张灯结彩，店铺、当铺、伙铺、祠堂、书院、戏台，印象最深的是戏台上有大花脸唱戏的，台下有喝彩的，也有往台上丢钱的。打铁、补锅、扎纸、弹棉花，样样都有，这是我头一次走出乡里，看到外面的世界。

　　一晃60年过去了，距离老家几十里远的草市，却一直再没有来过。自从2009年开始拍摄湖南古村的专题后，又慕名几次来到草市，并且发现：在湖南留存的少之又少的这些古镇之中，草市称得上至今保存比较完整的一个古镇，属于湖南尤其是湘东湘南地区古镇中的翘楚。

　　衡东居湘江中游的衡阳盆地与醴攸盆地之间，东连攸县，南与安仁、衡南为邻。过去衡东县的洣河流域有三大重镇：草市、杨林、吴集。草市在明清两个朝代都曾设巡检司，以巡检司和练兵的草坪而名草司，清咸丰三年（1853）更名草市；吴集因吴三桂称帝衡州，屯兵此地而得名；而杨林唐时名杨林埠，因当时河岸杨柳成林，青翠葱郁而得名。杨林与草市早在西晋时期就临江开埠，均自唐代起就成为洣水流域商贸集市。

　　细雨蒙蒙，踏进草市老街，泛着油光的青石板，似乎沉睡了的老屋，清新而静寂，立马会让你静下来。这里，没有杂乱的喧嚣，你唯一想做的就是用心去感受，去呼吸新鲜的空气。这是典型的田园式山水型水乡古镇风貌，山、水、洲、镇浑然一体，古街、古树、古井、古码头，各具神韵，境内有"灵山胜地""八仙下棋""猴子捞月""合福林寺"等名胜古迹。有人称其为"湘南芙蓉镇"。曾获过"湖南省最美古村镇""湖南最美古村镇古民居"的殊荣。

　　草市的建筑呈四方形，临江走势，依地势而建。草市看上去很平民，镇上的建筑似乎没有规划，显得随意、慵散和任性。好就好在在时代飞速发展的今天，对那些老街和老房子没有大拆大建，紧临河边的老街基本保持了原模原样：窄小的巷子，高低不平的青石路面，以及两旁挤挤密密的老房子，依然绽放着昔日的光彩，这是古镇特有的魅力所在。新房子则建在了古镇的外围并在周边蔓延开来。从空中鸟瞰，新旧房屋融为一体，相得益彰，使得古镇显得既现代又古老，很是漂亮。

　　一个古镇的年轮，一个时代的印记。这里，为你撩开的是一页一页乡村的记忆。

衡东县 草市老街

草市建于唐代，繁荣于清朝和民国时期，最盛时有 360 个商户，分别来自全国多个省市地区。棋盘街纵横交错，青石板铺就的街面溜光，青砖青瓦式的小楼阁舍，杉木活板门式的铺面，一切古色古香。

自明朝开埠以来，由于得天独厚的地理位置和水陆交通条件，草市镇逐步形成集市墟场，为衡东、攸县、安仁三县的商品集散地。每到春分时节宾客如云，商贩成群，俗称"赶分社"。每逢分社，草市街头、戏坪乃至山坡上的空坪隙地，都被临时搭建的摊位、帐篷所占据，人山人海，络绎不绝，一连三日，人声鼎沸，蔚为壮观。

草市虽没有工业规模的制造业，传统的手工艺却留存至今，而且工艺齐全，技艺精湛。所谓的九工十八匠或三十六行，草市古镇样样齐全，各种工匠都有。如：铁匠宋春生、刘秋苟；银匠伍恒吉、陈满粒；铜匠罗武生；皮匠周雨林；铸匠何逢年；弹匠谭晚乃、刘晚苟；纸马匠旷礼谋；木匠王中林、边四乃；砖匠单祖贵；石匠谭基禄；漆匠向松梅；补锅匠单贵仔；制秤工周德云、朱世清；推子工单三苟；制香烛工肖治生、刘雪梅；做饼干曹树大；豆腐作坊单元吉、苏恒昌；制雨伞、草席工高胜泰；兽医刘迪生；熬焦糖、制酱油朱甲林；造船工周杨基；理发工李金山；染布坊谭建民等。

草市是集人文、历史、建筑、民俗等多种文化于一体的古镇，湖南首批"古村镇、老手艺"牌匾悬挂在镇政府的大门口。这里的民俗多样而古朴，其中最具影响的当属"赶分社"，即春分赶集的意思，从明清时期一直延续至今，成为草市特有的风景。每至春分时节，在油菜花绵延不断的洣水河畔，近至草市及附近各乡镇村民，远至周边衡山、攸县、安仁、茶陵，乃至江西等地，都有客商和顾客或乘船或赶陆路，带着自己的土产蜂拥而至。交易的产品主要有农具、耕牛、食品、服装、竹木器、中药材等，种类繁多，应有尽有。

衡东县 草市老街

桂阳县 塘基上村 胡家大院

二、豪门宅院

以"府""第""堂"称号的大院。旧时的府，即达官显贵的住所、家宅或官邸；府第，指贵族官僚或大地主的住宅，不是平民百姓的草庐。"大夫第"就是士大夫的门第，是一种身份的标榜、一个家庭或家族显赫的展现。

湖南历来"惟楚有材"、人文荟萃，他们的住所、一座座历朝历代的"大夫第""尚书第""进士第""翰林第"，以及名人、志士、乡绅、地主等建造的豪宅大院，或洒落在田野间，或掩映在溪水旁，遍地满"堂"，贯满三湘。这里记录的41座古村大院，或达官贵人，或湘商富豪，或湘军名将，或地主宅院，这些豪门显贵建造的大宅既是湖湘历史遗存，也是潇湘文化的瑰宝，并且从这里走出了一批湘魂人物。

张谷英·大屋场

相传 14 世纪中叶，有三个神秘人结伴而行"由吴入楚"，来到湘北幕阜大山的余脉渭洞山区。这三个人一个姓刘名万辅，一个姓李名千金，一个姓张名谷英。三人中张谷英懂地势风水，沿途定盘择地，最后被渭洞的奇丽风光所吸引，相中了这片宝地。

这片宝地分三块，一块主财，一块主仕，一块主丁。张谷英任由刘、李二人挑选。刘万辅选了一块主财之地，期望四季发财，成为富豪之家；李千金选了一块主仕之地，期望步入仕途，成为官宦之家；所剩的一块主丁，意为人丁兴旺，世代发达，自然属于张谷英了。之后，他们在各自地盘安居造宅，繁衍生息。果然，发的发了财，做的做了官。张氏一族则成了方圆百里的名门望族，一代又一代繁衍了 8000 余丁，至今绵延了 24 代。张谷英的子孙们为纪念这位创业始祖，将其大屋场取名为"张谷英"。

张谷英村位于湖南岳阳县以东，地处岳阳、平江、汨罗三县市交会处，从明代洪武年间起，经过历代的修建，至今已经 600 多年。2001 年被公布为全国重点文物保护单位，2003 年被评为中国历史文化名村，是中国现存最为完整的一直居住至今的湘东古民居古建筑群落，故有着"江南第一屋场""天下第一村"之美誉。

张谷英有几处看好的景致：一处是"当大门"，一处是"百步三桥"，还一处是"畔溪走廊"。"当大门"是张谷英的主大门与建筑群枢纽。"当大门"取意于大门两侧的石鼓，也就是门当。门当越大表示家族越旺，家势越大。当大门的门户上刻有太极图形，进入当大门是一庭院，甬道两侧各有一个水池，被称为"烟火塘"。

二道门上有"文魁"二字，进门为当大门堂屋，亦为"五井五进"。"井"指的是天井，"进"是指堂屋的间数。"五井五进"是说当大门堂屋是由五个天井、五间堂屋构成，每个堂屋两厢为厢房。五进堂屋的尽头供奉着先祖张谷英的塑像，常年香火不断。每到年节，张谷英的子民便会聚在这里举行祭祖活动，祭祀的人着长袍礼帽，古老的仪式展示着这个家族悠久的文化传承。

张谷英让我最为推崇有三：

一是，"天人合一"的和谐理念。从布局到建造，体现了自然与人工的共创、共生、共荣。这一理念作为我国传统文化的重要组成部分，在我国古代建筑中得到了充分体现，张谷英屋场堪称最为杰出的代表。张谷英看重以地理环境为前提选址与布局，源于古人对自然的依赖，对自然的尊重；在布局上注重步移景随、开合有度，巧妙地采用了南北进深、东西走向，呈"丰"字形并以天井为中心形成一个个庭院，同时运用人工调节强化风水，求得人与天、人与地、天与地的和谐相处，组成了一座规模宏大的连片大屋，形成了一个与周围自然山水天衣无缝的整体。

二是，"礼制"有序的血脉关系。张谷英大屋中轴对称，呈方形平面，同一轴线上依次由前厅、会客堂、祖宗堂、后厅及天井组成，垂直于中轴两边的分支是正房和厢房，由进堂屋相连，各进堂屋之间利用天井和屏风隔开，区分了正房与厢房、长辈与晚辈不同的起居空间。纵向由天井、堂屋、正房、厢房组成一个个方形居住单元，其实是一个个小家庭。横向又由若干个方形居住单元组合在一起，形成建筑群的整体。内外、长幼、男女之别，大家庭里一个个小家庭，一种"礼制"秩序的血脉关系反映在族群的建筑里，无疑体现出了高超的建筑布局与艺术，行走其间，使人仿佛听见血脉如溪流淌的声音。

三是，"孝友传家"的家风祖训。张谷英祖先堂有块金字横匾，上面写着"世业崇儒"四个大字，读书隆礼成为张谷英村人厚实灵魂的追求，也成为这个庞大家族赖以生存的精神和力量。张氏族谱中曾有这样的家训："不求金玉富，但愿子孙希"；"遗子黄金满籝，不如一经"；"忠孝吾家之宝，经史吾家之田"；"子孙虽愚，经书不可不读"；"寒可无衣，饥可不食，读书一日不可失"。这些家训、族戒流传至今。

岳阳县 张谷英村 鸟瞰

岳阳县 张谷英村

　　一个族群聚落，600 年历史，1732 间房屋，206 个天井，62 条巷道，47 座大小石桥，所居 2600 多人……仅凭这些数据，就足以让世人震撼。张谷英呈半月形分布，背靠青山，门前一条小溪绕村而过，渭溪河成了天然的护庄河。大屋的主体建筑由当大门、王家塅、上新屋三个部分组成，各个部分的主体建筑分东、西、南方向设置门庭，每栋门庭又由过厅、会面堂屋、祖宗堂屋、后厅等四进及其与厢房、耳房等形成的天井组成。主庭高壁厚檐，围屋层层相围，分则自成系统，合则浑然一体。

　　登上绿色葱茏的龙形山顶，俯瞰张谷英大屋场，只见一个规模宏大且保存完好的明清古建筑群铺洒开来，恢宏而大气，古朴而静谧，让人惊叹叫绝！无人机从空中顺着屋脊飞去，张谷英整个建筑群似乎都变成了无数个"井"字，排列有序，井井相连。看得出张谷英大屋利用了南北进深、东西走向的横向地形，巧妙地将地势与民居布局完美地融为一体。

张谷英屋场我不知来过多少次,每次都要住上一住,或沿着村边溪流漫步,或穿行在厅堂与厅堂之间,在领略张氏先祖睿智的规划布局与超人的建造艺术的同时,感受这族群的繁华和厚重的族群文化与正统伦理道德的传承。

我曾经主编过《中外建筑》杂志,见过不少规划师、建筑师们撰写的张谷英古建筑群的学术论文。张谷英留给后人的不仅仅是一个规模庞大古建筑群的历史文化遗产,而且传承着一代又一代的中华传统美德和张谷英家风。

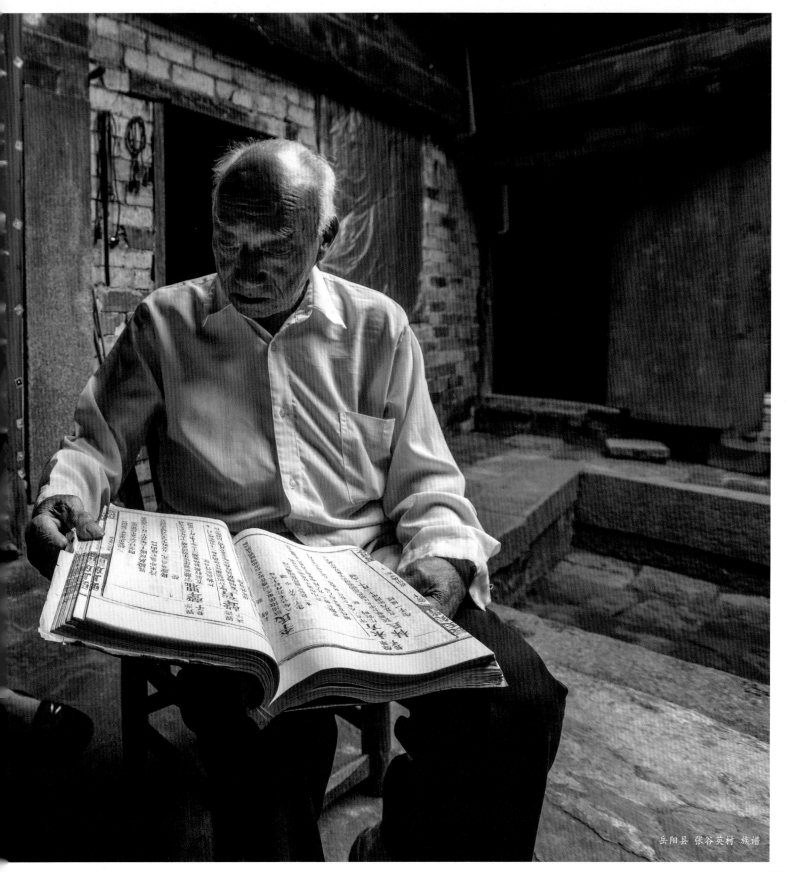

岳阳县 张谷英村 族谱

"百步三桥"又叫"张谷英桥"，因桥共有九段，每段由三块条石组成，共二十七块长条石，正好"张谷英"三个字的老式笔画是二十七画。"百步三桥"建于清嘉庆年间，横跨渭溪河，在不足百步的距离中，依渭溪河水回环曲折之势，搭起三座花岗岩石板桥，故称"百步三桥"。桥随水转，人在桥上过，脚如水上漂。石桥两岸是走廊和鳞次栉比的房屋，桥下流水潺潺，宛如一幅清新的水乡图画。

　　"畔溪走廊"位于大屋场的西边，建于清顺治十二年（1655），走廊为青石板铺就且多为铺面并与相邻的巷道相通，过去还是连接江西和岳州的古驿道，因年代已久，至今留下来的都是古老的建筑和石板路古人走过的足痕，可见当年有多么繁华。

岳阳县 张谷英村 "百步三桥"

岳阳县 张谷英村 大夫第

在张谷英大屋场里穿行，任何人都会如刘姥姥进大观园一般，分不清东西南北是很自然的，半天时间你是根本无法将所有的厅堂、厢房看完，且不说再去细细品味其间的楹联、匾额、门雕、窗雕之类的艺术品，怪不得这里有"民间故宫"一说。

岳阳县 张谷英村 窗雕

岳阳县 张谷英村 家什

岳阳县 张谷英村 家什

岳阳县 张谷英村 作坊

岳阳县 张谷英村 作坊

264

岳阳县 张谷英村

　　如今这里也是琳琅满目，各家门前摆满了各样的自家农产，供游客挑选。这里的豆制品是在湖南出了名的，来这里吃饭，豆腐是必点菜，并且还会带些回去。

　　望着张谷英"当大门"前高悬的"耕读继世，孝友传家"的对联和"孝友家风""千古遗风""德钟家庆"的祖训及匾额，想想始祖张谷英数十代子孙繁衍，数千人共同生活在同一个屋檐下，大概所有的秘诀就在这里吧！

永州市 涧岩头村 周家大院 全貌鸟瞰

涧岩头·周家大院

永州零陵涧岩头周家大院，有着"南方第一大院"的美誉，如北极星形状布局的六个大型宅院，坐落在风景秀美的青山环抱之中，宋代理学鼻祖周敦颐的后人在此将中国的风水理念演绎得至善至美。

500多年前，宋代"濂溪先生"周敦颐次子周焘的第十六世孙周佐于明中期从道县迁移至此，周氏后人恪守"一等人忠臣孝子，两件事读书耕田"的祖训，繁衍生息，兴旺发达，历26代，如今居住在这里的260多户900余人，均是其直系血亲。

在长达450年的历史长河中，周家人才辈出，名贤荟萃，有文韬武略、运筹帷幄的户部尚书大臣；有驰骋疆场、英勇善战的封疆大吏；有满腹经纶、治理州府的地方大员；有学富五车、授业解惑的私塾先生。通过封建科举选拔的秀才、举人、进士以及七品以上的官员多达百人，其中最为显赫的是周希圣、周崇傅，不仅是国家栋梁之材，也是周家大院的缔造者。

由老院子、红门楼、黑门楼、新院子、子岩府、四大家院六个院落组成的周家大院，高墙拱门，翘角飞檐，广厦千间；大气恢宏，层楼叠院，井然有序。券门的设置与山墙、外围墙以及门楼、照壁的有机组合，既各自独立成院，又相互和谐勾连，形成了大院封闭森严的防盗、防匪的安全防护体系。

每个大院的建筑以正屋为中心轴线，成"丰"字形平面布局。正、横屋构筑的规格与格局相似，长幼有序，泾渭分明。比如正屋高大气派，庄重威严，宽敞舒适，为长辈居所；东西两侧的横屋向中而立，相对低矮，递次减弱气势，至最外一排横屋则显得有些简陋，依次安排给分支晚辈以及仆佣们使用。其居家生活功能齐全，一道道可随意开启的屏门，四通八达的巷道、游廊，将庞大的周家族群院落连成一体。

各院落之间相隔200～300米，互不相通，自成一体。建筑结构大都为三进三厅，虽然不是统一布局设置，由繁衍子孙一代代扩建而成，但建筑风格却非常相似，仿佛出自一人精心的规划布局之手。周家大院每个院落都为一个独立的单元宅院，宅院的建式都是"一颗印"的结构形式，按一正两排侧（横）或一正三排侧（横）屋的结构布局，呈现出湖湘传统建筑的格局和大家族大院子建筑特有的恢宏气派，有着浓烈湖湘民居建筑特色。

永州市 涧岩头村 周家大院 石拱门

涧岩头周家大院六个大型宅院，三面环山，一面临水，进水河和贤水河在门前汇合，呈山水相依、刚柔并济之势，自然风水与古院老宅"天人合一"，清新自然，浑然一体。整个院落就像坐落在一把太师椅上。晚清重臣周崇傅用四句话恰到好处地概括了这里的地势："左边青石挂板，右边双凤朝阳；门前二龙相汇，屋后锯子朝天。"

永州市 涧岩头 子岩府飞檐翘角

　　最著名的也是保存最好的院落：子岩府，又叫"翰林府第""周崇傅故居"。周崇傅（1830—1892）系周希圣第九世孙，清末湘军主将。同治七年（1868）成进士，入翰林。光绪元年（1875）改官中书，旋以军咨酒随左宗棠进军天山南北，收复新疆。因功绩卓著，赏戴孔雀花翎，同都转三品，权摄关内关外镇迪、高平等处观察使。光绪八年（1882）又随左宗棠到江苏、浙江整饬盐纲，处盐场腥膻之地而两袖清风，以廉洁为时人所称。后因左宗棠辞去两江总督，他退归故里，寄情山水。

永州市 洞岩头村 周家大院 四大家院

　　周家大院始建于明代景泰年间（1450—1457），止于清光绪年间（1875—1908），时间跨越450年，先后建成六个大院落。六座大院共有正、横屋180多栋，房间1300多间，回廊、巷道、天井136个。

　　最早的院落为老院子，建于明代景泰年间。最有名的属"尚书府"。最大的也是至今保存最好的是"子岩府"。子岩府修建于清末1894—1902年，平面呈长方形，东西长，最大距离达120米；南北短，最大距离为100米，位于整体布局北斗星座"斗"的位置上。建筑布局为一正六横，中心对称排列，正大门楼上有一联：石蕴玉而山辉，水含珠而渊媚。是古建筑群清式宅院的典型范本。

　　最大也是最后落成的院落：四大家院。周希圣第八代玄孙周绍昌的四个孙子于清末1904年建成，时为四大财主富甲一方，故称"四大家院"。建筑面积13000平方米，由正院、老院、书院、炮楼四大部分组成。正院由一正四横20栋房屋构成，平面布局形似古代的"一颗印"，亦为中轴对称均衡，向中呼应的格式。"四大家院"大气恢宏，层楼叠院，并然有序。

　　周家大院不仅整体布局、造型构造手法独到，其内部建筑装饰、雕绘技艺也让人叹为观止。飞檐、斗拱，门楼、巷道，木刻、石雕，泥塑彩绘，均别出心裁，主题尤为鲜明，极具艺术感染力。驼峰、雀替、挑檐等构件装饰，包括卵石晒坪的铺就，都大量地使用荷莲造型，即使是柱础石、花格窗等，都颇有寓意地采用莲花图饰，处处凸显出周氏祖先周敦颐倡扬的清白做人、廉洁为官、爱莲洁身的高尚家风。

永州市 涧岩头村 周家大院 红门楼

最具官宦豪宅风格的院落：红门楼，又称"尚书府第"。为官至户部尚书周希圣（1551—1635）于明末崇祯年间（1628—1639）所建。周希圣万历十七年（1589）中进士，授成都府华阳县令，被誉为"青天"。万历二十四年（1596），上疏直言，触怒皇帝，被贬为灌阳典史，尔后，周告假还乡，闭门读书。万历三十九年（1611），李廷机为相，周希圣被起用为太仆寺丞，次年转为尚书司丞，后升为光禄寺少卿，万寺卿。次年，迁南京刑部右侍郎，天启五年（1625），升南京户部尚书，后因得罪权宦魏忠贤，被削职为民。回乡后潜心著作，主要有《退思堂集》《怀柳赋》《寻芝赋》《湘南志》《森阁诗稿》等。明思宗崇祯元年（1628），魏忠贤罪行败露被处死，周希圣以名德旧臣，原官起用。但周无意仕途，坚辞不赴直到病卒于家中。

红门楼比"老院子"大三倍，一正二横四进深，原有两尊巨大的拴马石，外墙呈八字外开，挑檐使用斗拱式雀替，后设有二进屏式中门，正堂重檐格局，等等，体现了朱门深院的特点，彰显出主人地位的高贵和权势的显赫。因门楼用红漆绘画染料染成，故称"红门楼"。

最破败的院落：黑门楼。为有别于红漆染门，特将门楼漆黑以示区别，故称"黑门楼"。为周希圣长子周自稷所建，东距红门楼30米，平面布局与红门楼大致相似，中轴对称又凸显错落有致的变化，辟有后花园。周氏后人为显耀祖上荫德，将红门楼和黑门楼两座宅院并称为"尚书府第"。只是现在这两个大院的八字大门已经倒塌，连体结构已经破败。

清朝的第一座宅院：新院子。是相对"老院子"的俗称。除了规模扩大，布局更为严谨外，还建有独具特色的四合院式的书堂屋。私塾堂的修建，体现了周氏一族崇尚耕读之风品位的提高。此外还有三大特点：将风火山墙由明代的金字顶变成了马头顶；增加了横堂屋和相连其间的高大廊亭；地面铺设以砖石代替过往的三合土，提高了装饰艺术水平，又注重了居室文化的内涵。过去门上还挂有一块嘉庆十五年（1810）匾额，上书"江上青峰"四个大字。

永州 涧岩头村 周家大院 窗雕

永州市 涧岩头村 周家大院 门墩石刻

永州市 涧岩头村 周家大院 窗雕

永州市 涧岩头村 周家大院 门墩石刻

274

永州 涧岩头村 周家大院 老院子

　　最早的院落：老院子。明代宗景泰年间（1428—1457）。始祖周佐迁徙于此，后靠造纸发家，于明宗景泰年间建此屋。它处于北斗星座形星柄的最西端，依龙山、临近水。正屋为三进三开间布局，中轴对称，厅堂为公共场所，两侧横屋一字排开，有券门、廊道与正屋相通，向中呼应，属砖木结构地道的古民居宅院。

　　自宋代理学家周敦颐的后裔迁此繁衍生息，已近 600 年。如今，这里已经成为"中国历史文化名村"和"全国重点文物保护单位"。这里的每一个人都以周氏祖先为傲，他们坚守着自己的家园，传承着"廉溪家风"，并将其发扬光大。

双峰县 富托村 富厚堂 鸟瞰

富厚堂·曾国藩故居

在湖南所有的"堂"号、府第中，坐落于双峰县荷叶镇富托村的曾国藩故居富厚堂当数第一了。曾国藩故居除了名声在外的富厚堂，曾氏家族还建有白玉堂、敦德堂、奖善堂、万宜堂、华祝堂、黄金堂、修善堂、有恒堂、文吉堂等庄院，它们与富厚堂一起，并称"九处十堂"，其中敦德堂、奖善堂、万宜堂都是曾国藩兄弟发迹后修建的，规模宏大，结构复杂，可与富厚堂媲美。只是在后来100多年的风雨中，由于缺乏保护，多已失去往日风采，唯富厚堂独领风骚。

曾国藩（1811—1872），号涤生。中国近代政治家、战略家、理学家、文学家，湘军的创立者和统帅，与李鸿章、左宗棠、张之洞并称"晚清四大名臣"，官至两江总督、直隶总督、武英殿大学士，封一等毅勇侯，谥曰文正。曾经叱咤风云的人物，也曾被国人骂了无数年，以前说他是有争议的历史人物，后来说是中国有重大影响的人物，无论哪种说法，毛泽东与蒋介石都对曾氏十分推崇，毛泽东说"独服曾文正"，蒋介石说"盖已足为吾人之师资矣"。所以不管怎样，曾氏一族确实给后人留下了许多的宝贵财富，且不说他的文化遗产，今日之"侯府"，早已被列为全国重点文物保护单位，供后代人观赏浏览。

之所以要建造富厚堂，一是曾国藩夫人欧阳氏认为黄金堂屋前的池塘里淹死过人，加之儿子曾纪泽的夫人与岳母都死于黄金堂，心头总有一种恐惧感。二是富托一地，环境阔大，风水好。三是曾国藩深谙功成身退后为自保的道理，欲觅一个"退隐之所"。但曾家在富托村的田庄均分在其弟曾国荃的名下，曾国藩便嘱咐其子曾纪泽回湘"禀商两叔"，请其转让。于是，在富托村的鳌鱼山脚下，由曾国潢、曾国荃、曾纪泽主持，于清同治四年（1865）开工，将近10年时间，才建好这一"侯府"大院。富厚堂的规模和花费，远远超出了曾国藩的构想，这使他十分不安。他在清同治六年（1867）二月九日的日记中写道："据腊月廿五日家信，知修整富厚堂用钱共七千串之多，不知何以耗费如此，深为骇叹！余生平以起屋买田为仕宦之恶习，誓不为之，不料奢靡若此，何颜见人！"

八本堂为正宅住房，横梁上悬挂着曾国藩书的楷字"八本堂"大横匾，下边是曾纪泽以隶书写其父的"八本家训"。曾氏"八本家训"，是其家教精髓，为曾氏后裔所效行而人才辈出。富厚堂里的藏书楼，藏书曾达30余万卷，尤为珍贵的有审讯太平军官员的记录，有忠王李秀成的《自述》真迹。这些藏书、资料，后来一部分流入北京，毁于八国联军的炮火，一部分流入台湾，还有一部分不知去向。

曾国藩的4个弟弟：大弟曾国潢，清太学生，盐运使，候选六部郎中，因协办团练有功，死后诰授通议大夫，封建威将军。二弟曾国华，官至同知，为湘军将领李续宾副手，转战鄂皖，战死于安徽三河镇战场，清廷赠其道员衔，追赠通议大夫，赏骑都尉世袭，国史馆立传。三弟曾国荃，湘军名将，先后任浙江、陕西、山西巡抚，陕甘总督、两江总督兼南洋通商大臣，封一等侯毅伯。四弟曾国葆，官至知府，湘军名将胡翼林部下，攻克天京后病死于军营，被朝廷追赠为内阁学士。曾国藩共有3个儿子，5个女儿，都多有作为。尤其是次子曾纪泽，是晚清著名政治家、外交家，曾出任英法两国大臣。

　　富厚堂，一座大气的私家大院，远看如同一把太师椅，方方正正，肃穆端庄，后有鳌鱼山，前有半月池和开阔的荷塘，给人一种宽大胸襟的感觉。远处左右笔架连峰，似乎象征着战旗飘扬，又紧紧地守住了水口，使得明堂非常聚气，这就是传统中国的风水宝地。富厚堂如北京的四合院结构，其实不亚于一座王府。解放后，富厚堂住进了当时的人民公社、乡政府、供销社、粮站、医院等7个单位，足见其恢宏浩大，这在中国所有的民间院落中是无法比拟的。

　　农民出身的曾国藩，自幼勤奋好学，6岁入塾读书，8岁能读四书、诵五经，14岁能读《周礼》《史记》《文选》。道光十八年（1838）中进士，入翰林院，为军机大臣穆彰阿门生。曾国藩作为清末第一谋臣，他力挽狂澜，吸纳儒家文化，实现了儒家立功、立德、立言"三不朽"的理想境界，被誉为"中华千古第一完人"。

双峰县 富厚堂 曾国藩故居

双峰县 曾国藩故居 万宜堂

富厚堂占地4万多平方米，建筑面积达26000多平方米，是典型的明清回廊式建筑群体，具有园林风格，前有田畴池水，后有茂林修竹。正门上悬挂着"毅勇侯第"朱底金字直匾，门前花岗石月台上飘着大清龙凤旗、湘军帅旗。中厅门上"富厚堂"三字是曾国藩手迹，两边对联"清芬世守，盛德日新"，是长子曾纪泽为纪念其父所书。富厚堂由八本堂、求阙斋、归朴斋、艺芳馆、思云馆、八宝台、辑园、鸟鹤楼、藏书楼、无慢室、棋亭等组成，气势恢宏，是属于"侯府"等级规模的庞大建筑群。

万宜堂，曾国藩的大弟曾国潢的住宅，是现存的"九处十堂"之一，几乎没有动过的一栋豪宅。名字寓意"万代千秋""宜室宜家"之意。现在，万宜堂除了围墙、槽门和东西亭子被拆毁以外，主体建筑完好无损，墙壁上的雕刻和彩画还清晰可见。

曾家五兄弟中，曾国潢没有随曾国藩几个兄弟出征，而是在家乡留守，组织团练，奉孝父母，打理家业。富厚堂和敦德堂均是他帮助两位兄弟督造的。万宜堂建筑群大气而不凡，且为湘中建筑特色风情浓郁的精品之一，足见曾国潢家学之精深。

双峰县 曾国藩故居 大夫第

　　"大夫第"，曾国荃故居。离"富厚堂"10余里，在荷叶镇大坪村横卧的虎形山下，为"九帅曾国荃所造"，由"曾府家庙""奖善堂"和"敦德堂"三部分组成，九进十八厅，共148间房屋，是当时湘乡境内最豪华的官僚别墅。经历100多年沧桑风雨的"大夫第"现在已残破支离，门前石柱下的石狮头部已经被砸掉。

　　游走于曾国藩故居，每一处的一点一滴似乎都有说不完道不尽讲不清的故事，如同看唐浩明先生的小说《曾国藩》一样，史料的、演义的都有。可以说，曾氏一家满门忠烈，他们遵循先贤古训，坚持做人做事的准则，或从军，或从政，千秋功罪，自有公论。

双峰县 龙安村 树德堂门头题字（曾国藩手迹）

龙安·树德堂

双峰县甘棠镇龙安村朱家大院有四座大宅，即树德堂、尚志堂、拱辰堂与绍箕堂，为湘中富商、曾国藩好友朱岚暄的私宅。树德堂建于清咸丰八年（1858），堂名为曾国藩命名并亲笔手书。前门由三弄房子组成，槽门后隐而两侧凸出，其状若古时的一把铜锁。因墙上、窗上、檐下、瓦上、石头上到处都有精致的花纹或图案，因此树德堂有个别名，叫"花屋"。

见过湖南许多大宅，曾国藩给他人房屋题写堂号至今仅在此保留一处，站在曾国藩书写的"树德堂"三字下面，我在想，朱家与曾家定有不凡的关系，索性前后来了三次，一问究竟。居住在这里的朱家后人，好在还有几位老者，他们讲得滔滔不绝，也让我兴致满满。

朱家族谱记载，清乾隆、道光年间，朱家在宝庆（今邵阳）开店经商，就是有名的富商，所置田地纵横十余里，在当地显赫一时。朱岚暄早期继承父业，在宝庆经营玉和庄，至清道光年间已经成为名震一方的"毛板巨商"，"每放百舟，遇险而补，以航运亨通、安全到达彼岸而致富"。朱岚暄当年仗义疏财，广交朋友，青年时就与长他7岁的曾国藩父亲曾麟书结交，成为关系密切、交情甚深的挚友。清道光十八年（1838），曾国藩进京殿试前，曾麟书带着曾国藩专程拜访朱岚暄，朱岚暄慷慨解囊，掏出50两银子给他作赴京赶考途中的茶水钱。

后来，曾国藩在家书中，念念不忘朱岚暄之恩，并多次在京托人带回挂匾、条幅、对联等礼品送朱，以表谢意。当时食盐昂贵，曾国藩还在京派专人递回好几吨盐票，让朱家多了一条财路。清咸丰七年（1857），曾国藩奔父丧回到老家，朱岚暄从甘棠赶到荷叶吊丧。

清咸丰八年（1858），朱岚暄邀曾国藩与曾国华两兄弟游当地有名的猪婆大山，并来到朱家作客，适逢朱家两个儿子分家，新屋即将竣工。当时，朱家所建的"四堂"全部落成，其规模比曾家"四堂"即白玉堂、黄金堂、修善堂、华祝堂大得多。其长子朱翠峰分得"绍箕堂"，其次子朱海峰分得的豪宅还未取"堂"号，曾国藩即取"树德"以对"绍箕"，并为他书写了"树德堂"三个字，朱家将这几个字拓展在大门上方。

百多年了，槽门上的三个大字仍然苍劲夺目，并且一直吸引着过往行人对曾国藩书法的注目。据说曾国藩与曾国华自此次回乡后，再没有回过家乡了，但与朱家的关系并未中断，尤其是曾国华从朱岚暄家回去后即赴江西九江，不久与太平军作战阵亡于安徽三河镇。他生前与曾国藩多次谈过朱家，很羡慕朱岚暄的为人。

清同治三年（1864），湘军攻克南京，曾国藩怀念胞弟曾国华，将其次女许配给了朱岚暄为孙媳。从此，树德堂成了白玉堂的亲家。清光绪五年（1879）正式成亲时，朱岚暄之次孙朱养斋19岁，曾国华次女已是26岁的大姑娘。虽然双方年龄相差好几岁，但可称"门当户对"。尤其是树德堂添了这位来自清朝宰相家的新媳，名气更高了。成亲时，名人赠送的对联，至今还流传在民间。其中曾国荃为侄女赠送的一幅大中堂是：天宫赐福。曾纪泽为朱养斋妹夫送的对联是：一帘花气香春酒，万壑松风捧翠涛。

283

　　进大门从戏台下走进院子，一条笔直的石板甬道直接与内栋堂门相接。上五步石级便来到正厅大门前，正厅往里走，共有纵横四个厅。正厅门顶上有石刻"八仙"浮雕，阶基上的两个廊柱正面，有两只瑞兽：一只向下倒挂，一只往上爬行，它们相向而嬉戏着，活灵活现，生动逼真。旁边木头上雕刻的是五只蝙蝠，寓意"五福临门"。屋檐下的神兽貔貅，房檐下的精美泥塑，窗檐的精美彩绘，这么多年在室外居然颜色还能呈现，整体依旧，不失美感。

双峰县 龙安村 树德堂门头石雕

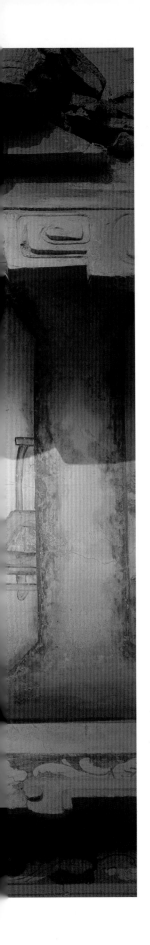

双峰县 龙安村 树德堂 泥塑

双峰县 龙安村 树德堂 泥塑

双峰县 龙安村 树德堂 彩画

287

双峰县 香花村 朱家大院

香花·朱家大院

双峰县甘棠镇有两座朱家大院，一座是龙安村的朱家大院，另外一座是香花村和嘉祥村的朱家大院，分伟训堂、绍子堂、家训堂、松翠堂四座大宅。香花村朱家大院四面环山，一条小溪从村中流过，将朱家大院划分至香花村和嘉祥村两个村落，系清通议大夫朱雁峰和奉政大夫朱膺锡所建，故又名"大夫第"。从清咸丰间至民国初年，历经50多年、几代人修建，共有大小房屋500多间，有"湘中第一大院"之称。2018年入选第五批中国传统村落名录。

伟训堂。始建于清咸丰年间，"四堂"中建得最早、规模最大，占地面积6000平方米，建筑面积8000平方米，四纵三横，内院宽阔，铺有青石小道。全堂以雕刻精美、烦冗见长。过去大门两旁有威武的石狮，大门上包着铁皮，还有许多木雕石刻，都在"文革"中砸掉了。

家训堂。建于清末，格局对称，由过厅、正厅及厢房、耳房、杂屋等组成。占地面积为4780平方米，建筑面积达7000平方米。由青砖院墙圈围，亦是双层防御。墙高且厚，易于防火，气势雄伟。走进大门，视野开阔，木雕石刻细腻、严谨，随处可见。

据朱家后裔介绍，家训堂分三批、历经10余年建成。第一批修建正厅和正屋，第二批修建左右两纵，第三批修建杂屋和猪圈等。原来大门左右各安放一对石狮，在"文革"时被砸掉了。

松翠堂。与家训堂隔小河相对，建成于民国初年，三进三横，是四堂中修建时间最晚、耗资最少的一个"堂"，其结构形似四合院，占地面积为4320平方米，建筑面积5000平方米。如今的松翠堂，墙外与天井院内空空荡荡。

我曾四次来到这里，每一次来都会发现朱家大院少了一块，要么倒了，要么拆了盖了新房。四栋大院几乎没有一栋完整的，已经没有了昔日的光彩。最精华的雕楼不见了，石雕木刻要么已损，要么被盗，所有的厅屋内见到的只是存放的朽木棺材，或者成了乡村孩子们玩耍的场地。不过，这一道道门，一扇扇窗，还有那残缺的墙，仍能让人感觉到朱家大院曾经有过的辉煌，曾经有过的稻花飘香。

双峰县 香花村 朱家大院 照壁

伟训堂与绍子堂紧紧相连，两"堂"格局对称，整个建筑环彻青石围墙，绍子堂院内建有五层楼的凉台及绣楼。伟训堂厅堂后有高达8米的照壁，壁顶置小圆筒青瓦，鸱尾衔壁脊，四角小翘，似如崇楼广厦。檐下有彩画和堆雕，壁下遍植棕榈、冬青，红绿相映。"世载其德"四个字分外引目，其中那个"德"字用了异体字"悳"，给人一种庄严雄伟之感，其用意之精、匠心之巧，可见一斑。

绍子堂。始建于清末，由门楼、正厅、花厅、正屋、杂屋等组成，占地面积4000平方米，建筑面积达7000平方米，格局对称，在栋梁、横枋和其他木构件上均有浮雕和彩绘图案，山字墙格外巍峨高大，石库大门厚达80多厘米，可见当年的建造之坚固。以青砖院墙圈围大院，四角院墙设有炮台，围墙上有枪眼，双层防御。

双峰县 香花村 朱家大院 家训堂 天井下水道石刻

青瓦白墙，双层飞檐，一处颇具晚清风格、带明显防御功能古建筑群的朱家大院，过去可谓是固若金汤，建筑规模之大，建筑风格之奇，建筑艺术之美，实是让人赞叹。朱家老人说，祖辈在建造这四栋大院时，倾其全部家产，绍子堂建造的时间最长，分四次建成，修了30多年。

涟源市 杨家滩 胜梅桥

杨家滩·湘军名将故居

涟源杨家滩胜梅桥的孙水河畔，散落着十几座大气恢宏的湘军名将大宅。一次次慕名而去，一次次推开那些厚重锈蚀斑驳的铁大门，仿佛走进金戈铁马的岁月，闻着硝烟弥漫的味道，又仿佛是在品读一本古籍书，从湘军名将故居感悟着所蕴含的厚重湘军文化，乃至湖湘文化。

杨家滩自古就是一座历史名镇，先秦三代属荆楚之地，自汉朝到南北朝为连道县县治所在地。但杨家滩真正的繁荣兴盛是清末，这自然与湘军的崛起有着密切的关联。1851年太平天国起义爆发，起义军很快占领半壁江山。为挽救朝廷之危局，时任吏部侍郎的曾国藩奉旨在湖南家乡操办团练。

涟源杨家滩距离双峰县荷叶镇即曾国藩故居不足百里，当年许多青年志士闻讯前去投军，他们跟随曾国藩驰骋沙场，南征北战，凭借自己的非凡文武才能和过人胆识，立下赫赫功勋，有的战死沙场，有的晋升为达官显贵。清代正史人物列传中记载的22位湘军名将，有8位就出自杨家滩，杨家滩自然是近代湘军的重要发源地之一。

湘军打下南京之后，杨家滩这些文武官员们论功领赏，他们怀揣大量金银财宝，荣归故里，衣锦还乡，大修宅院。一时间，杨家滩的孙水河边豪宅林立，蜿蜒于孙水河的胜梅桥两旁，大夫弟、存养堂、存厚堂，以及光远堂、佩兰堂、师善堂、余庆堂等十几座豪宅大院，顷刻间如连绵的群雕，拔地而起，甚是壮观。故此，杨家滩又有了"连道古城，湘军故里"的称谓。

大夫第，世称老刘家。一栋坐北朝南、青砖青瓦的老宅院。走进院内，只见正厅门前悬挂同治帝御赐的"大夫第"牌匾，自然显示了刘家曾经的显赫地位。这座大院是刘氏的祖居之地，始建于清康熙四十七年（1708），由光裕堂、怡然堂、六吉堂等堂院组成，现在居住着刘氏家族一百多户人家。过去老刘家以天井多而著称，原有天井108个，现在尚存48个。如此众多的天井，可见院内房屋有多少。这些天井大小不一，大的百多平方米，小的六七平方米。建筑专家们说，老刘家通过走廊和纵横交错的巷道，把各堂院连接在一起，说明建筑布局的合理性。杨家滩有多个湘军名将是从这老宅子走出去的，如刘腾鸿是第一个从老刘家走出去的湘军名将，后又有多人晋升，如布政使、钦命头品顶戴刘连捷，云贵总督刘岳昭等。

生不逢时，命运难测，昔日风风光光的杨家滩湘军名将故居，在经过剧烈的社会动荡之后，要么倒塌，要么被拆除，要么仅留一躯空壳。眼前的那条孙水河，也已不再是当年那条可乘帆载物的河流。孙水河西流至娄底汇入涟水，涟水在湘潭汇入湘江。据说100多年前，这条可以通江达海的孙水河异常繁忙，无论是人是物，无论外出谋生还是回乡归家，都得行走这条河流，至今那座横在孙水河上的石拱桥——胜梅桥的下面还存有几个老码头。

涟源市 杨家滩 湘军名将故居 余庆堂

　　余庆堂,又名古松堂。屋主人刘任宾,他虽不是湘军名将,却是湘军名将的父亲。刘任宾有五个儿子,四个先后死于战场,其中刘腾鸿、刘腾鹤被载入《清史稿·湘军将领》。咸丰皇帝觉得刘家满门忠烈,格外开恩,不仅让其父享受道员的待遇、后代世袭骑都尉,封为四品官,母亲四品恭人,还拨巨银在杨家滩修建"余庆堂"大宅院,并御赐牌匾。至今这块匾额仍悬挂于正厅堂中央。"余庆堂"为同治二年(1863)建成,堂号"余庆"。

涟源市 杨家滩 湘军名将故居 师善堂

　　师善堂。湘军将领刘连捷之子于同治年间所建，为四进五横院落。以堂屋为中心，正屋为主体，厢房和杂房均衡配置，有佛楼、赏花楼、月台水塘。堂屋的西边有花园，东边有小池塘，屋前有大池塘，塘岸由清一色的条石砌成，池塘南 20 米处为孙水河，过去河边设有专门的私家码头，整个建筑充溢着江南小镇古老文化的韵味。

连源市 杨家滩 湘军名将故居 存厚堂 湘军名将后人

　　存厚堂，湘军名将布政使、刘岳昭弟弟刘岳晙的府第。始建于同治年间，属杨家滩最为美观气派的堂屋豪宅建筑之一。存厚堂前临孙水河，背靠竹山，占地面积20000多平方米，房前右边有果园、池塘，正门前方有石阶逐级而上，上有月台，均由条石砌成，正门的门框上刻有石狮，门槛上有花鸟、瑞兽雕刻，所有的这些都体现了主人的尊贵、豪华与气派。

涟源市 杨家滩 云桂堂 鸟瞰

　　云桂堂。紧邻师善堂，为刘连捷的亲家、当地有名的大户彭胜安所建，是目前杨家滩保存最为完整的院落。在平坦的杨家滩田垄上，云桂堂长达 180 多米的风火墙蔚为壮观。老人们说，杨家滩的花花屋好看，每栋大院堂内装饰非常精美，无论是建筑上的斗、拱、昂、梁、雀替、牛腿或隔扇，还是阁楼、木隔墙、花窗等，要么是绘画要么是雕刻，或八仙过海、文王访贤等人物故事，或花鸟虫鱼、飞禽走兽，都十分漂亮。

涟源市 杨家滩 云桂堂 雕花床

云桂堂有两张古老雕花床，所有的桌子、椅子、梳妆台，都是 100 多年以前的了，仿佛还是原来的模样。坐在床前穿着红棉袄的这位漂亮女人，或许是对老屋的眷恋与不舍，或许是对岁月过往的追忆，或许还是在等待，与这豪宅一样，等待能否重回昔日里那惊艳的时光。

今天的杨家滩，作为湘军的起源地似乎已经家喻户晓，坐落在这里的湘军名将故居也正在得到关注与保护：刘家祖居地的老刘家、刘连捷的德厚堂、刘岳昕的光远堂、刘连捷之子的师善堂、刘连捷亲家红顶商人彭胜安的云桂堂，已被列入省级文物保护单位。

随着太平天国与湘军战事层层迷雾的揭开，人们也渐渐比较客观地看待 100 多年前发生的那场纷争，一个庞大的湘军名将建筑群也渐渐地浮出了水面，并展现在世人的面前，当地政府也响亮地打出了"湘军名将故居"的引路牌，并且日渐成为人们旅游参观的去处。

近些年来，娄底、湘乡的史学家正在挖掘编写出自杨家滩的 58 名湘军将领传，虽然历史的风雨将杨家滩的铅华洗尽，甚至将里面淘空，然而它的"骨架"仍在，湘军的魂魄尚存。尽管这些高墙大院生不逢时，一个多世纪以来伴随着社会一次次的动荡与劫难，使其不断遭受破坏，日渐地凋落与废弃，但即便是倒下或者残缺，它们仍然在风雨中伫立着，并且散发着异样的光彩。踏着光溜的青石板路，走进一座座湘军名将的堂屋大院，一个个尘封了的故居面纱被慢慢揭开……

有史学家说，湘军是湖南近代史上，甚至是中国近代史上一支奇特的军队，"选士人，领山农"，在曾国藩的号令下，一群乡土书生，领着一群农民，既不列政府编制之内，又没有政府的粮饷供应，可就是他们却替代了清廷的正规军——绿营和旗防营，镇压了纵横东南各省的太平军，攻下了天京，让轰轰烈烈的太平天国农民起义画上了句号。

可以想象，在这里招募的湘军，无论是初上征程，还是打下天京归故乡，或是往"江""海"输送兵员和粮草，还是往老家运回金银财宝，起点和终点都是在这条孙水河的码头上。只是，风光不再。

涟源市 铜盆村 世业堂 匾额

铜盆·世业堂

涟源有湘籍将领故里群之称，在领略了三甲乡政府周围的几处湘籍将领的大宅院之后，往里行 18 公里到了三甲乡铜盆村。顺着石板道往前走，有两个 1 米多高的旗杆石，村民说过去凡到此地的达官贵人都要在此下马，以示对院主人的尊敬。

再往前走，是八字开门的外墙双重大门。跨过门槛，抬头举望，高高马头墙翘起、气势非凡的世业堂建筑群便展现在眼前。上了多级台阶，沿着石板甬道往里走，则是世业堂中心的前堂，天井四周是镂空木雕垂联，从屏风进去又有一天井，正堂中一个长条形供桌摆放在神龛前，神龛上方悬挂着"世业堂"三个鎏金大字的巨幅匾额。

匾额上有道光二十八年（1848）的字样，"世业堂"三字苍劲有力，彰显出当时主人修建此宅的气度和胸襟。近 200 年的时光侵蚀，"世业堂"依旧熠熠生辉。这是我见过许多大院里保存最好最为完整的一块匾额，当属湖南古民居之罕见宝物。

世业堂的建造者为梁治达（1793—1865），梁中举后任今常德澧县教谕，例授文林郎，诰赠资政大夫。梁治达及其子梁学钊都曾是湘军幕僚。梁治达与曾国藩同是清道光甲午年（1834）中举，与曾国藩、骆秉章、刘岳昭等清末重臣关系甚密，与云贵总督刘岳昭有金兰联姻之亲，曾国藩家书中多有提及。梁治达六十和七十大寿之际，曾国藩都赠送其寿联，死后曾国藩又赠挽联："有人半夜持山去，何处乘龙带雨来。"

至今这屋里的后人仍保存有骆秉章赠给梁治达的寿联真迹。其子梁学钊，为湘军将领，诰授二品顶戴、资政大夫。梁家最辉煌时期是清道光年间，由于湘军的崛起积累了一定的财富，梁治达、梁学钊作为湘军的幕僚和将领，在家乡广置田产，兴建豪宅。据说在购置宅基地时，在当地有"一笸银子一笸地"的说法，足见当年梁之大家。

世业堂主体建筑由 6 栋大厅堂、6 个天井、近 200 间大小房间组成，有前堂、正堂、左右厢房、护卫墙，有主副两扇槽门和两扇侧门及三扇后卫门。院内房屋、檐巷、走廊、回廊相连，回廊交错，各栋之间有 10 扇二重门和三重门。楼上有绣花楼。

现今，世业堂主体建筑保存较好，其他已经残破或改建。住在这里的 88 岁肖李花老人，她那双放在青花瓷旁长满老茧的手，也许见证了梁家老宅的风雨与兴衰。她说，解放前就一直住在这里，人民公社这里住了四五十户人家，现在只剩下两三户了，不知道还能住多久。

涟源市 铜盆村 世业堂 天井木雕挂帘

世业堂的前厅，最先进入眼帘的是堂中天井四周垂吊的大幅木雕挂帘，最值得细细品味的是堂中四面墙上的木质雕刻。这些木刻大到亭台轩榭、蓝天白云、飞禽走兽、各种人物，小至花鸟鱼虫、树枝树叶，尤以人物居多，且均隐含着各朝各代民间流传的动人历史故事。

整个建筑外砖内木，花格木窗，雕梁画栋。从屋顶砖墙翘角的灰塑到天井底部的石刻，从主厅大门前的木墙到厅堂内相连木门的花草图案和人物故事，以及古老花床，雕工精美，令人赞叹。

涟源市 铜盆村 世业堂 木雕

涟源市 铜盆村 世业堂 木雕

涟源市 铜盆村 世业堂 木雕

304

涟源市 铜盆村 世业堂 青花瓷

　　微弱烛光下的这些历百年有余的木刻浮雕，依然清晰可见，栩栩如生；那涂抹在木刻上的黄色金粉，仍然光泽不减。世业堂的后人说，院落里的木刻均出自一个叫梁治蜡的木匠之手，梁在家中排行第九，人称"九木匠"。"九木匠"天资聪颖过人，出门做工只带斧头、锉子，就用这两件工具把花草、禽兽、人物刻得活灵活现，人称"木秀才"。

涟源市 桃林坝村 乐恺堂

桃林湾·乐恺堂

乐恺堂位于涟源市金石镇桃林坝村桃林湾，当地人叫"谢家大屋"，也有人称为"翰林府第"，是清代"翰林父子"谢振定、谢兴峣的祖居地。谢家大屋三进九厅，于清康熙十七年（1678）谢添荫、谢添弦兄弟修建，堂名"乐恺"，取父子兄弟相聚一堂、和睦快乐之意，已有340多年。

据说涟源历史上出过五位进士，其中桃林湾谢氏一家占了三位。父亲谢振定是清朝乾隆、嘉庆年间的大臣，清乾隆四十五年（1780）庚子科进士，后任翰林院庶吉士、编修。祖父是贡生，父亲和两位兄长是举人。其子谢兴峣，清嘉庆二十四年（1819）己卯科翰林院庶吉士。后来，谢振定的孙子辈中的谢邦鉴，又在清道光二十五年（1845）中进士，故"一门三进士"。

清乾隆六十年（1795），宰相和珅位高权重，气焰嚣张，有被和珅宠幸的奴才常坐和珅车子外出，人们都纷纷躲避，不敢指责。时任御史的谢振定在巡城时遇到，大怒，命手下将和珅奴拉下车，受鞭刑。和珅奴喊：你敢打我，我坐我主人宰相的车，你怎敢打我？谢振定更加生气，加重鞭罚，就怒烧和珅之车，说：这车丞相如何再坐了？街道两边，人们聚集观看，欢呼：这真是好御史！

谢振定不畏权势，放火烧毁了贪官和珅违反规定使用的车轿，被誉为"烧车御史"，名噪京师。谢振定烧车，自然得罪了和珅，后被罢职归家，直到清嘉庆四年（1799），和珅被嘉庆帝赐死后，谢振定才被重新起用。

谢振定做过嘉庆帝的老师，嘉庆帝在给他的悼词中这样写道："朕当太子，先生为傅；朕登大宝，先生为辅；朕今渡河，为先生讣。"还亲笔题写了神主牌："祖之臣父之功臣，朕之先生谢公振定老大人之神主。"

乐恺堂引人注目的是一块题有"太学"二字的匾牌。匾额宽2米、高1米，为清代皇帝书写。这里的老人们说，谢家大屋前坪曾经竖有五根桅杆，大屋三厅挂满了皇帝御赐的"翰林第""父子翰苑""太学""文魁""金紫诰封"等匾额，但是都已经失存，仅存"太学"匾额一块。这块"太学"匾额还是"文革"期间被一位村民嵌进农家的谷仓底，才得以保存，几十年后再现天日。

邵东市 清水村 荫家堂 牌匾

清水·荫家堂

沿衡邵路向南 28 公里，跨过蒸水河便进入一条狭窄的乡间小道，前行不到两里路便到了邵东市杨桥镇清水村荫家堂。荫家堂依山面水，屋后凤凰山，前面是蒸水河。传说当年有金凤来栖，在此修成正果，羽化仙去，留下一窝金灿灿的元宝，取之不尽，用之不竭。这里老人说，当年的屋主就是蒙凤仙点化的"财伯"，是"财发星"，专此救助这一方贫苦百姓。

史料记载，荫家堂是一座商人修的大院。清嘉庆年间，杨桥商人奉政大夫申佐熬做米生意赚了钱，便嘱咐他的四个儿子日后要修座大院，大学生申承述兄弟五人遵照父亲的旨意于清道光三年（1823）修建了这座大宅院。

其实，年轻时的申承述家境并不富有，与兄弟守着从父亲处继承下来的八亩田土，只能算是勉强维持生计。有一年突遇大旱，一队上游的米船行至现在的荫家堂地段时，因河道干涸搁浅，不能前行，在讨扰了申氏兄弟几日后，米商们商定将十几条米船留下，以极低的价格，委托其兄弟四人就地贱卖。也是天公凑巧，米商们才走的当天夜里，忽然狂风大作，大雨瓢泼不止，天尚未明，从梦中惊醒的老四申承述，担心风大浪急翻了船，急急忙忙跑到河边，却哪里还有半条船的影子？一路追至衡阳码头，天已大亮，只见几十家米铺老板在船头排了长队，只等他一来便交钱取货，仅半晌不到的功夫，粗粗一算，除去成本，竟赚了比本钱还多了几倍的钱。自此申家介入米业，凭着诚信与精明，仅几年工夫便稳稳地做了湘中南"第一大米商"。

荫家堂整个大院占地面积 9191 平方米，取其九九归一、十全十美之象。全部用青砖砌成的砖木结构二层楼房，纵伸四进，横十一排，布局形似棋盘，结构复杂而又严谨。堂屋两侧各有四排住房和一排杂屋，两边对称，大小一致。传说中的申承述虽富甲一方，为人且好善乐施，修桥筑路，怜贫恤孤，功德遍及三湘，仅当时的宝庆府募捐修筑东瓜桥，就承担了将近一半的费资，然而自己却粗茶淡饭，麻服布鞋，腰上斜斜地插一根长长的烟管，一有空闲，便挑着粪箕在田间地头转悠。

在荫家堂南向正面墙体上，看到了两块铭文砖，有一块是这样写的："大清道光三年癸未七月十四日巳时，申承述兄弟修新屋一座，四进六横，愿后人悠久无疆。记述。"这是建造者巧妙地向后人传递着信息，清晰的字痕、深刻的笔画，令人惊喜之余肃然起敬。

荫家堂外观气宇轩然，院内建筑装饰十分丰富，屋顶、屋檐、青砖及石墩上均刻以龙、凤、牛、羊、马、木质屏风、门窗均有雕花，精巧而雅致。阳光从天井斜斜地洒入院内，荡漾在阁楼的雕花抚栏上，依稀可以听到当年绣楼凭栏的乡姑曼声吟唱《乡里妹子》的曲韵。

人民公社时期这里住有上千人，现居住这幢大院的 70 多户 300 多人，全是申氏后人，正所谓福泽绵长，恩荫子孙。只是历经"土改""文革"，特别是近些年以来的文物热，不堪沉重的荫家堂已呈衰败之势，曾经的美丽正在渐渐逝去，一如苍废疲惫的老人，颓然坐在迷蒙的暮色里，静静地守着那一段如烟的传奇。荫家堂体量庞大，不仅仅在于巧妙精致中表现了建筑美，也在于它与自然环境的融洽中映射出的艺术美，堪称湘中南民居建筑的经典。荫家堂共有"六厅"，正中厅为家祠，有照壁和戏台。"六厅"为主厅，中间抬头可见神龛上的巨幅匾牌"荫家堂"。

院内四条风雨回廊横贯，正堂内有神龛和巨匾"荫家堂"三个金色大字，四周嵌有镀金菩萨。正中厅左右各五排房屋，由 156 根廊柱支撑牵连。大院有正房 108 间，院前有晒坪和半月形水塘，整体布局立意巧妙，轩昂通透。

邵东市 清水村 荫家堂

邵东市 清水村 荫家堂

邵东市 金田村 承志堂 鸟瞰

邵东市 金田村 荫家堂 大门石刻 尚方宝剑

金田·承志堂

在邵东市境内，有两座闻名湘中地区的清代大院，分别为"富商"与"文魁"所建。一座是杨桥镇清水村的荫家堂，由富商申承述于清道光三年（1823）建造。另一座是简家陇镇金田村的承志堂，由儒林郎刘鼎进于清嘉庆十七年（1812）修建。

高处俯瞰，承志堂不失为一座完整的豪宅大院，之所以能较完整地保留至今，是因为它地处偏僻，以及，里面仍然有其后人居住，并且院里民风淳朴，他们非常看重祖先留下的基业，仍然守着这旧时光。比起荫家堂，承志堂虽然规模偏小，主体只有五进四排，房屋64间，但它的建筑艺术毫不逊色，并且建造时间比荫家堂早11年。荫家堂主为建造荫家堂，曾与承志堂主有过许多传说故事。

清道光元年（1821），杨桥富商申承述兄弟筹建荫家堂，需要大量木材，横梁、柱子更是需要大口径。得知承志堂刘鼎进山中有大树，便派人商议。当时刘鼎进已仙逝，当家的是他的发妻罗老太。这个罗老太自幼饱读诗书，聪颖过人，其兄弟七人有五个是秀才，人称"七子五秀才"。罗老太得知申家意图后，便豪爽答应了。

申家人见罗老太婆这么快就答应了，心想：我们光是圆木柱就要156根，还有108间正屋，其数量又何止千根？于是说只怕你们刘家的山里没这么多树。言下之意是我们申家人有的是钱。罗老太也是见过世面且聪明能干的人，笑着回答，只怕你们申家没那么多钱。简简单单的一句，既打消了来人的顾虑，又彰显出大户人家女当家的睿智。后来，罗老太还赠送了两棵最大的树给申家做顶梁柱。在当时，邵东境内一家最有钱，一家最有才，两个大户人家在较量中自然打了个平手。从此之后，刘、申两家关系非常融洽，成为远近闻名的官商代表和名门望族。

邵东市城南面30公里，有一座延数十里的皇帝岭大山，山脚下有一条江水，蜿蜒东流，名曰蒸水，为湘江一条支流。皇帝岭余脉有一座芭蕉山，蒸水从它旁边流过。承志堂就坐落在芭蕉山下，前面有一方波光潋滟的水塘，后枕小山，旁有小河，很是符合古人选宅"前朱雀后玄武，左青龙右白虎"的风水要求。刘氏族谱记载，承志堂主人刘鼎进系清代太学生，封儒林郎。可见，建造承志堂的主人乃饱学之士。有学识之人自然无论选址、布局、设计，还是用料、装饰等，都非同凡响。

承志堂为五进四排布局，中央五进畅通成厅堂，左右两侧对称布局两排厢房，中间两条通道横贯东西。五进依次为财厅、大厅、游厅、横厅、神厅，并且由低到高往后延伸，主次分明，东西四排房屋左右对称。除了五个大厅，两边厢房也汇集建筑精华。天井均由整条石条砌成；石拱门、风火山墙、檐墙彩绘；室内门户、窗棂均有木雕；地面有方格，光滑温润，是用传统的"三合土"，即黄土加石灰、糯米、桐油打成，所以光滑坚硬，200多年仍很光亮。

屋檐下高大的顶檐柱，厚重的石朝门，也引人注目。顶檐柱的石础呈鼓形，雕刻精美。朝门石墩的正面雕刻麒麟，而顶部表面被磨得乌黑发亮，留下深深的岁月痕迹。

走进第一进"财厅"，给人印象最深的是山字垛屋脊，每垛檐下都绘有人物花卉图。屋顶两端的风火墙，檐牙刺天，构造精美，饶有气势，是湘中地区古建筑常见的形式。青砖黛瓦，飞檐刺天，各种精妙的雕饰，浑然天成，尽展建筑精华之美。

第二进是"大厅"。大厅是承志堂的精华部分，屋顶抬梁结构完整。每一个小立柱的下端都有一个造型精美、类似花朵的底托。最顶部的底托上还做成牡丹造型，虽然油漆已经脱落，但依然显露富贵之气。大厅与第一进"财厅"不同的是，它的屋顶两边的风火墙由"山字垛"改成了"弓背式"，像游龙静卧屋顶，但造型照样精美，这一点，从正面残留的人物灰塑可以看出。

第三进、第四进都是"游厅"。游厅在湘中一带的建筑比较多，它其实是一个连接大厅和横厅的亭子样建筑，其两边各有一个用青石砌成的天井，这样有利于房屋通风和采光。横厅的用途多是放置大型农用物件和老人棺材。承志堂的立柱和柱础很经典，每根立柱高度超过两丈，直径合抱，顶部有木檐相连，木檐上有彩绘，同一个厅的柱础有好几种造型，而且同一个柱础不同的面有不同的精美花纹。

最后一进"神厅"，是刘氏家族祭祖的地方，有神台神龛，神台上除了刘氏历代先祖的牌位，旁边还有一个承志堂建造者的牌位，上书："太学生刘点阳（字鼎进）。"主梁上刻"福禄寿"三个大字，正中挂着"承志堂"匾额，是一块现代"金匾"。其后人说过去是一块烫金巨匾，"文革"时期被损坏，现在这块是前些年才放上去的。

邵东市 金田村 承志堂

浏阳市 楚东村 锦绶堂 跳石桥

白沙·锦绶堂

　　浏阳白沙乡（现大围山镇）旁的楚东村，有个名叫漾水湾的地方，坐落着一座有着传奇色彩的大屋：锦绶堂。锦绶堂从诞生那天起，似乎就注定将是个充满故事、极不平凡的宅院。这里，青砖黛瓦，雕梁画栋，一幅幅精美绝伦的彩画，100多年历史给这栋不算太古老的建筑刻上了太多的印迹：始建于清代光绪年间的地主私宅、土地革命时期的湖南省苏维埃政府旧址、红三军团的红军医院、"大跃进"时期的生产队集体食堂、1990年代电影《这方水土》的摄制地，墙上至今还留有大量的红军时期的标语。

　　最早去锦绶堂是2006年，那时不通公路。从南面去锦绶堂要过一座跳石桥，跳石桥建于明代，由地方绅士鲁荣业捐建，共有65个石墩，全部采用标准花岗石作桥墩。在跳石桥北岸有块青石碑，刻有跳石桥联："梳理河川，敢对洪峰言砥柱；铺排琴键，乐为行客踏笙歌。"

　　锦绶堂，四周以土墙团团围起来的庄园式大院，是浏阳涂业松的祖奶奶涂刘氏为纪念早逝的丈夫涂儒玫于清光绪二十三年（1897）修建。涂儒玫，字文绶，号组臣，当地团主，家大业大，拥有7000亩田地，10多处商铺，花银数百两捐了个"贡生"的功名。正待参加北京清廷的部试，却被一场急病夺去了生命，逝于清同治元年（1862），年24岁。他的遗孀刘氏从此开始长达33年的守寡生活。清光绪二十一年（1895），为表彰涂刘氏的贞节，光绪皇帝特别批准涂氏族人为涂刘氏建立贞节牌坊。于是涂刘氏侄孙涂寿朋开始为祖母修贞节牌坊，同时为她修一座大宅院颐养天年，并在房屋建成后，请时任湖南巡抚陈宝箴题写"操并松筠"的匾额，将其命名为"松筠堂"。

　　涂刘氏坚决要求把宅子改为"锦绶堂"，一来丈夫被朝廷追授为"五品封典奉政大夫"，够得上穿锦袍、佩绶带的资格；二来丈夫名字中有"绶"字。因此，锦绶堂其实是清代的贞节烈妇为纪念亡夫而建立。

　　更具历史意义的是锦绶堂大门外墙头及内墙壁上还留有大量红军时期的标语，如"打土豪""男女平权""猛烈扩大红军""争取八小时工作制"等等。这里，还是湖南省苏维埃政府旧址。1930年、1931年，湖南省苏维埃政府先后两次入驻锦绶堂。翌年11月在此成立湘鄂赣苏维埃政府。1951年土改时，锦绶堂的房产分给了农民。现在这里成了红色经典旅游区。

　　透过一幅幅精美绝伦的彩色绘画，一条条土地革命时期的标语、口号，连着这百年老屋，一切都似乎掩藏在这历史的长卷之中。

浏阳市 楚东村 锦绶堂 彩画

　　锦绶堂坐北朝南，建筑格局为三进五开间，左右各有两列厢房，大门为歇山顶风火墙，中轴线上为前院、过堂、正堂、后堂。前院两边墙开八角门通两侧院。后堂两侧为东西对称住房。外墙与庭院两侧屋檐下的青砖上，塑有用铜丝为骨架、桐油石灰为内胎、外涂彩漆的精美檐画，内容为《三国演义》《杨家将》等戏剧人物故事及二十四孝人物，还有传统的中国山水、花鸟、兰梅荷竹，做工精致，画笔细腻。

浏阳市 楚东村 锦绶堂 藻井彩画

　　锦绶堂前庭、后厅两边有数列对称厢房，每处厢房都有突出高耸的凉亭、藻井。藻井是中国建筑民族风格在室内装饰上的重要造型手段之一，在这里得以运用与传承，并且产生了精美华丽的视觉效果。顶部以及四周均绘制彩画，如八仙过海、麻姑献寿、唐僧取经等图案。藻井顶板和厢房天花板装饰的彩画让人叫绝。

浏阳市 小住村 刘氏大屋

丹桂·桃树湾大屋

从高处鸟瞰，桃树湾古居老宅檐瓦相连，外墙绵长，占地阔大，气势恢宏。走进屋场，四进院落，多阶梯，多厢房。据说旧时这里有一片桃林，又有一水环抱，故得"桃树湾"之名。每到春天，桃花盛开，游人纷纷踏至，堪比桃花源。

桃树湾大屋位于浏阳市金刚镇丹桂村，北靠詹家山，南临清江河。居住在这里的是刘姓大家。刘家世代为官，此屋是当地一位官居"朝议大夫"的刘礼卿之祖业，先祖刘叔度官至工部尚书，其后裔刘皇眷在清廷任奉直大夫。

当地百姓说，桃树湾刘家大屋正厅地上铺的是"金砖"。一开始建筑专家很是惊讶，因为故宫的地砖也是金砖铺设。金砖为古时专供宫殿等重要建筑使用的一种高质量的铺地砖，因其质地坚细，敲之若金，铿然有声，故名金砖，规格为二尺左右见方。北京故宫的太和殿、中和殿铺的都是金砖。

金砖属于官窑烧制的一种特制砖，只是工艺高、更坚实，价值高些而已。金砖有时也会用在重要建筑的主体部分，如殿堂等都会用金砖铺就。刘家大屋前厅正厅走廊铺的确就是这种金砖，跟故宫那种金砖有所不同，档次稍低点。自古就有"一两黄金一块砖"的说法，虽然金砖不是金子做的砖，但刘家后人均十分好奇，他们拿来长尺认真地测量起来。经测量，刘家大屋的金砖为正方形，边长33.5厘米，属小金砖。前厅至正厅，200多平方米，共计2400块。这个数据，不仅在浏阳乃至湖南现存的清代民居建筑中亦属珍贵，实为罕见，这也足见刘家当时的显赫地位和富裕程度。

屋场附属建筑有钱仓、谷仓。谷仓在二楼，木隔板上铺以宽宽的青石砖。青石砖楼面再加储粮，可想象惊人负重。所以，楼面以30余根木柱细密排列支撑承重。这些在明清的旧居里亦非常少见。

今天走进这座150多年前建成的老屋，或抬头仰望马头翘角，或低头细看每个角落，仍会发现处处历史的印记和湘东地区特有的建筑风格：轴对称布局，风火墙、硬山顶，小院长廊，隔而不断；前院、过亭、中栋、天井、后栋、横厅、回廊、厢房，单元构成，井然有序。屋檐、檐画、石刻、木雕、砖饰、泥塑、彩绘，工艺精湛，算得上湘东地区清代民居建筑的代表之作。

浏阳市 丹桂村 刘家大屋

　　桃树湾土地则为皇帝所赐。族谱记载，刘家屋场咸丰三年（1853）竣工，耗时 5 年。
刘家大屋内有一石牌《桃树湾宅记》："于道光二十九年七月三十日酉时，课取己酉癸 酉
乙丑乙酉起首行墙安头二门，是年仅起正宅门厅四进，右旁正护屋三间；三十年造右畔护
屋三层，并筑周围垣墙；咸丰元年起左畔护屋二层，二三年继造左边余屋、高仓，逐处装修，
历五年而工始竣。"

浏阳市 丹桂村 刘家大屋 过厅藻井

　　碑刻上面均有刘家大屋建造的记载。实际上，从绘制蓝图、采购建材到竣工居住，整整用了 10 年时间，费资"两万余缗"，其用工之多、耗资之巨，为民间所少见。刘家大屋建筑组群原有大小房屋近 400 间，占地面积 21000 多平方米。现存外围垣墙为本体边界，房屋 100 多间，建筑面积 6600 平方米，占地面积约 11000 平方米。

　　刘家大屋中厅六柱，厅顶六角藻井，华丽而堂皇；堂屋顶上、大门上可见石雕的灵兽；站在天井看周围几间房屋的窗户，每扇都有不同的形状，代表不同的寓意；几口古井，石砌的井沿已被岁月打磨得十分光滑，井水清凉甘洌；江南式建筑的挑檐，每个檐角都有精美的立体石雕、彩画。

浏阳市 新开村 沈家大屋 马头翘角泥塑

新开：沈家大屋

　　沈家大屋深藏于浏阳龙伏镇新开村捞刀河东岸群山环抱之中，一处典型的清代江南民居。在浏阳乡村之中，了解它的人不多，知道它价值的人更少。慕名而去，扫兴而归者多，都对它残败老旧的样子感到惋惜，曾经被称为"晚清江南民居标本"、湖南省文物保护单位的沈家大屋竟是如此的不堪？

　　沈家大屋实为一个大屋场，主体建筑建于清同治四年（1865），光绪年间续建，现存建筑面积万余平方米，17 间厅屋、30 多条巷道和长廊短廊与 20 多栋屋、200 多间房组成一个建筑整体。屋内叠屋，巷道回环，庭院相隔。房屋墙基由红沙石、青砖砌成，墙体由厚实的土砖砌成。正厅高二丈七尺多，其他房屋高达 8 米以上。屋内正厅、横厅、十字厅、巷道、走廊等所占面积很大，且左右对称，给人以空阔舒畅之感。屋顶有风火墙或垛子，屋檐饰以雕花或以瓦作装饰。迈步进去，庭院错落，廊道回环，有许多精美的木雕、泥塑、彩绘等，由天井、鱼池、四通八达的阴沟、环屋石砌池塘组成完整的排

浏阳市 新开村 沈家大屋

水体系。正厅两侧的天井、十字厅、格子门、过厅、横厅以及厅屋两侧的斗拱、房间等都是一一对称，并配以蝙蝠、佛手等民族传统图案雕刻，给人一种对称美感。

沈氏家族为当地的名门望族。族人沈步开为清朝四品武官，新开原沈氏宗祠昔有皇帝授予沈步开的金字匾"花翎游府"。大屋由沈抟九膝下六个儿子筹资兴建。据沈氏族谱记载，沈抟九祖孙四代有六人曾诰授、诰赠"奉政大夫"，二人为"奉直大夫"。大屋主体于清同治四年（1865）落成，光绪时后嗣续建三寿堂、师竹堂、德润堂、筠竹堂和崇基堂等。现存建筑占地面积为7153平方米，建筑使用面积为13551平方米。

沈家大屋十几年前还有人居住，上面这张照片摄于2006年。后来虽然几经修缮，没有人居住自然荒芜了。

双牌县 大河江村 邓家大院

双牌县 大河江村 邓家大院 鸟瞰

大河江·邓家大院

大河江村邓家大院，大山丛中依山傍水的村落，一个让你驻足留步的地方。那一块块古老的青石板哟，蜿蜒而来又逶迤而去，眼前仿佛出现了古时秦人在铺一块又一块的青石板，如今它们早已被踩踏磨打得油光发亮，有如铜镜一般。

村中至今留下的那一色青石板铺就的古道，从村中央穿过，贯通南北。这条古道据说是秦始皇时期开辟的"秦驰古道"，当地人俗称"两广挑盐大道"。

邓家大院位于永州双牌县阳明山境内茶林镇的群山环抱之中，在阳明山下的纱帽岭脚下，地名叫大河江，位置在过去是广东、广西之间互通的必经之地。走进大河江村，首先看到的是靠村南斜坡一座很大很显眼且保存完整的石砌古墓，是邓氏祖先及夫人的墓地。古墓呈椭圆形，坐南向北，周围用青石板砌成一道矮墙，青石墓碑的上方雕刻着各种飞禽走兽和神仙守护，下方为死者的官职、姓名、生殁年月，并有石刻对联："咫尺卜居千秋庐墓，三位列台万世簪缨。"周围的碑刻为栏杆状，有柱头、风云雷电等图案；在墓尾的碑刻上是墓主后代中有官职地位的人，如八旗教官学议邓学珍、运同衔双月通判邓学镇、清诰封朝议大夫邓德裕、奉直大夫光禄寺邓置正等等。

村中有几棵古老的银杏树，长得像一把大伞，一看就知道树龄在500年以上。一到秋季，片片杏叶将古老的村落披得金黄，耀眼极了。邓家大院始建于明初，明清两代皆有续建，由金、木、水、火、土5个大院落组成，各院落间隔距离几十米，各院落旁建有停轿坪、拴马桩和池塘。院落的设计和建筑模式基本相同，都是"三正堂"式，砖木结构，外砌青砖白灰墙，墙面高大封顶，具有很强的防火及避风遮雨功能。外围一律封垛烧砖白灰、飞檐翘角马头墙，檐下环绕着形象逼真的龙飞凤舞图案。各院落之间以鹅卵石道路相连，院落旁边都建有池塘，是清一色的明清建筑风格。

当年秦始皇统一中国之后，为开通南北要道，征集大批民工修建了一条"两广大道"，后来的各朝各代，利用这条车马大道运送兵马，如宋末文天祥到江永定秦四起义，走的是这条道；太平天国翼王石达开三次率兵攻打零陵郡，走的是这条道；中国工农红军萧克、王震率领的红六军团长征走的是这条道，他们还在邓家大院前的这片柳林下休息过，现已辟为当年红军长征纪念地；民国三十三年（1944）日本鬼子从零陵往宁远走的也是这条道，一九四五年回撤时走的还是这条道……

双牌县 大河江村 邓家大院 照壁

双牌县 大河江村 邓家大院 族谱

双牌县 大河江村 邓家大院 匾额

这里的族人传言，因邓家过去曾经出了不少当官的，故将此岭名曰纱帽岭，那岭巅上还有一棵千年桂花树，是"乌纱帽"之意。邓家大院能出那么多官，都是这座纱帽岭的缘故。不信，他们拿出了家中珍藏多年的清代"进士""即补清军府"的匾牌，以示荣耀。

大河江村甚是古老，村中有一祠堂，一座古庙。几百年的祠堂高大、恢宏，过去两边墙上挂有进士、文魁、拔贡、户部员外郎、增补翰林院等许多匾额，匾额均是用金水刻描，还有清时周崇傅赠的"伉俪齐年"长匾。今仅存"即补清军府""进士邓靖安"两块。古庙已经坍塌，但残破的石阶、石础与断墙仍在。

邓家大院的祖上邓氏太公五郎于元末明初从江西吉安县迁来大河江居住，苦心经营，置下产业，其子孙亦立志图强。至清光绪年间，邓家大院规模达到鼎盛。至今太公五郎的墓仍完好地保存于村落中。我见过邓氏家族民国丁丑岁（1937）季冬月穀旦的系列族谱，《邓氏族谱》记载了"太五郎为前明洪武年间由赣宦游来湘"和大河江地名、地形等等。

一个村落一部历史，你不妨到这一段秦时古道上来走一走，听村民唱那古老悠久的原生态山歌，踩踏那一块又一块早已被岁月磨打得发亮照影的青石板，闻秦始皇修路、汉高祖刘邦、刘秀白水起兵、阳明山七祖佛爷郑秀峰、太平军攻打零陵、红军长征等等许多的古老传说，还有在农家吃大块肉、喝大碗酒的豪爽气派场景！

绞车庙·蒋氏一家

深秋，最美的季节，我来到这里：双牌县阳明山绞车庙村。沿着一条弯弯曲曲的林中小路往山坡上行走，不远处便可看见几栋木板房，看似很随意地洒落在参天的银杏古树下。突然一阵清风吹来，片片金叶，漫天飞舞，很美很美。

一条小道从山林中起来，一条石板路通往几户人家，高低起伏，蜿蜒绕过山梁；一湾溪水穿过，岸边挂满藤蔓，时隐时现，不见尽头。小溪两旁房屋错落，浑然天成。山间的银杏树，形态各异，有的笔直如桦，直指云霄；有的张开似伞，荫及四野，古树与木屋默默无言，相互陪伴，见证着岁月。

绞车庙村深藏在阳明山大山深处。秋日里的银杏，洒满了木屋、牛栏、猪圈、山坡上和小溪边，被染得金黄。说不清老宅前后的银杏究竟有多少岁，几百上千年，汇聚在交错的虬枝中。这里可谓是一步一景，自然与人文景观和谐地交织在一起，绝对称得上是一幅中世纪传统乡村风格的油画。

发现绞车庙完全是一个偶然。那年春天在阳明山拍摄杜鹃花，恰遇一农民，他说杜鹃没有我们那里的银杏树好看，于是这年的秋季来到了绞车庙。

随意散落的几户人家，一切均在银杏的包裹之中。看得出来，那阡陌路径光洁而凹陷，应该是铭记着绞车庙人祖祖辈辈的汗水滴蚀和鞋底亲吻的痕迹。这里所有的木屋虽然已经成为历史的痕迹，却记录了绵延不绝的岁月，像久经岁月雕刻的老人，所有的故事都演绎其中。房角的风车，挂于墙上的老玉米，堆放在屋檐下的大南瓜，与这银杏一起，静静地，只是一直藏在深闺无人知。

山里人是很少出门的，我知道去这种地方一天来回比较困难，于是在集市上买了几斤肉，交给一农户家，在那里吃饭。山里人纯朴、好客，把家里所有好吃的都拿了出来。饭熟了，我们把餐桌搬到屋外的坪里，顶蓝天，看远山，观落叶。偶尔会有几片杏叶吹到桌上、掉进碗里，这个时候，感觉所有的都是香的。我想，真正的"秀色可餐"应该是这样一种场景吧，别的似乎无法与其媲美。

银杏落叶是自然生长的规律，也是生命的无奈。但银杏落叶却是生命的唯美，也是生命的延续。

那满眼的金黄好似英雄赴难的悲壮，在它离开枝头那一瞬间，留给世界的是永恒的绚丽，留给人们的是生命最终那一刹那刻骨铭心的记忆。它虽然离开了树干终止了自己的生命，表现得还是如此的唯美与大气！

双牌县 绞车庙村

双牌县 绞车庙村

　　绞车庙说是一个村落，其实只有十来栋房子，且均是木板房。十几户人家，百来号人，完全称得上是一个袖珍式的小村落。2011 年我进去的时候只有一条狭窄、简易的泥土路通到山脚下。没通公路，水泥进不去，房子自然是保持着几乎原始状态的模样。这里的人姓蒋，是 300 年前从山那边一个叫桐子坳的村子里分离出来的蒋氏一脉。

　　说起桐子坳我是再熟悉不过，那也是秋天摄影人聚集的地方。桐子坳的银杏树比绞车庙的多，上百棵，上百年的有 90 多棵，最古老的一棵树径 1 米多，树龄达 800 年。在没有发现绞车庙之前的有几年秋天，我几乎都会去那走走、拍拍。在阳光的照射下，金黄色的银杏树，金黄色的落叶，加之高山幽谷，茂密森林，鸟语虫鸣，好似仙境。走进桐子坳，宛若进入"满村尽是黄金甲"的境地。

赵家湾·唐氏一脉

零陵偏远山区的大庆坪乡赵家湾，南邻广西黄沙河，几乎处于荒山野岭之地，却有一片古老的大宅院。这里的人很信风水，说赵家湾是一块风水宝地：北门天狗把守，西门神犬福佑，还有七星伴月星宿的庇佑。七星伴月的星，就是七座大小不同的小山，东北方向排列三座，成"弓"字形，其他四座紧邻一起，与东北方向的三座恰到好处地形成"S"形，紧紧围绕着弯月。在村子北段的一弯稻田边，一尊像狗的石头独立着，这条天狗一直守在村子的北门，使赵家湾繁衍不衰。

永州素有"八景"，八景之一的"七星伴月"就在赵家湾。当地人在解释这七星座时，不能不佩服唐家始祖在选址时的智慧：青山四面围，水往三方流，山水相依相融，至善至美。正如中国古代风水学所说：依山面水，前有照，后有靠，左右环抱。

奇怪的是，赵家湾却没有赵姓人家，全是唐姓。据说500年前有几户赵姓人居住，不知从什么时候起，赵姓人日渐衰落，直至销声匿迹。根据铭文砖和族谱的记载，在广东广西一带经营绸缎、布匹生意的唐敏春、唐太倍父子两代人发了大财，于清康熙年间（1661—1722）、历时61年修建了如此大气的宅院，距今已近300年。后来至民国初年（1912）有人又修建了房屋，到解放初大概有三十几栋，算得上规模较大的古建筑群了。

永州市 零陵区 赵家湾村

赵家湾的建筑都独立成院却又相互连接并成为一个整体，每个小院分前天井、前堂屋，中天井、后堂屋。早期的房屋为一层，以后的分两层。每栋房屋建有跑马楼、照墙，跑马楼上设有"猫眼"。

家家照墙中央都书有"福"或"喜"大字，上方书富贵吉祥、家庭和睦、招财进宝、福寿安康等四字吉祥语。门楣上雕有福、禄、寿、喜等字，字下是八仙过海、西游记等图案。照墙两侧，一侧是厨房，一侧是客厅，厨房和客厅各有一排雕龙画凤的精致木窗。所有梁、柱、窗、门、礅等皆饰图案或人物，或花卉，或祥禽，或瑞兽，或门联，传承着一个个古老神秘家族的传奇故事。

西式壁窗、青石雕门枋，以及屋檐下周围的彩绘和泥塑，形状多样、形纹多样的青石雕柱础，又是这里建筑的一大特色。所有房屋的基脚、墙底层及天井，均用精凿的整块巨石条砌成，大小长短厚度一致，据专家测算，重量达 10 吨以上。就地取材，充分体现了地域的民居建筑特色。

虽然因岁深日久部分墙面风化脱落，但依然保留着清代建筑古宅的风韵，在古老的民居流连，在散发着文化气息的门楼、庭院间徘徊，在氤氲着历史氛围的古居间漫步，轻轻抚摸一砖一瓦，似乎都有着厚重的历史共鸣。

常宁市 泉井村

泉井·刘家一族

2014年在上海召开的古村落保护与发展高峰论坛暨年会上，宣布了获评2013年度中国景观村落名单，其中湖南常宁市庙前镇泉井村荣登此榜。

最早去泉井是2010年，正是秋天收割季节，金色阳光洒在稻田里，洒在池塘里的残荷上，洒进几栋古老的宅子里，一眼看去，如同一幅田园牧歌式风景画。

泉井村仅七栋老宅，分前后两排，虽是一个袖珍式小村，却又称得上是一块风水极佳之地。它坐北朝南，村前村后有笔架、旗形两座山峰遥相呼应，老屋坪前是半环形水塘，荷花、古树、远山、青古板巷道，如仙境一般。

七栋房子为清乾隆年间，当朝参议刘桂可（又名刘黑公）所建。刘黑公有七个儿子，每人一栋。为了建造这些房子，他专门在常宁请来名师巧匠。古宅里的这对老人，年逾八旬，相濡以沫，守候这老屋，也守候着最后的时光。

残阳映照，村子更显古朴。青石板路上，没有行人，穿行其中多有几分清爽。这个被时光浸染的绝美古村落，在岁月的长河中，连着那些残荷，色彩愈发微妙而意境丰富，既是一幅古朴的江南水墨画，也是青砖灰瓦青石板铺砌的诗意文章，无疑在记录着一段鲜活的历史。

久居于闹市突然来到这青山绿水间，恍若置身一方新天地，踩着夕阳，踏着青石板，再环顾四周古树环绕、清新幽静的环境，身心豁然开朗，在宁静中享受着惬意的舒展。

常宁市 下冲村 袁家

下冲·新屋袁家

常宁从南至北有一座大义山，袁家新屋则随大义山脉逶迤而来的龙脉山势而建。新屋正好在山脉的猫仔岭、书房岭、茶叶山三座小山的环绕之下，犹如横卧于虎爪之中。这三座小山又形如虎头上的"王"字，于是，古村和猫仔岭一道，又似一只安睡的猛虎俯卧在此。新屋的两侧有两个水塘，塘中又有水井，形如虎眼，虎眼山泉出水口自西向东分成两股溪流，环绕新屋流入村前的一条小河，再缓缓流入远处的湘江。

新屋袁家先祖是常宁车田袁氏应明公，原名旻，祖籍河南濮阳，为袁氏第一代先祖涛涂公第六十九世。元明时期，袁旻得明太祖朱元璋器重，于明洪武八年（1375）擢升为衡州卫指挥使，嗣后携妻率子在下耙车田（今兰江乡下耙桥）开基创业。

袁旻后世分支众多，有的迁徙他州，有的流离失考，还有"景鹏公第五子独卜白沙瓜湖塘开老屋新屋袁家屋场"。据《袁氏族谱》记载："永权公即星缠公于康熙五十七年（1718）购汤姓地基大兴土木另建袁氏新宅。"也就是说，新屋袁家至今已有300年的历史。在一墙体铭文砖上刻有"康熙五十七年"字样，说明袁家新屋确是清康熙年间所建。

新屋袁家的建筑与常宁东南部庙前、西岭、白沙几个乡的建筑相仿，造型一致，风格相同，好像是统一规划了似的。这些老房子像积木般整齐有序地排列着，没有马头翘角；青砖泥瓦、条石大门、台阶一字排开；正厅与厢房紧密相连，并无冗杂的空间。

村内有完整的排水设施，房前屋后有明沟且户户相通，形成一体，与古村落旁的小溪流汇合。看来新屋袁家更讲究建筑的实用性，这在湘南地区算是独树一帜。几百年过去了，新屋也早已老去，村子的风貌始然，依旧风采熠熠。袁家后人讲，康乾期间新屋里诗书传家气氛浓厚，曾出过好几个大人物，这在袁氏家谱有记载。

袁氏一脉曾分为28支，每一支都有自己的字号，后来，他们依照各自的字号，发明一种含有28字号的游赏字灯，通过任意组合，可组成意境优美的回文诗，一些说诗词功力深厚的雅士还可依五言、七言格律排列出好几首古律诗来。

看着300年的青瓦房屋，望着小孩们在前坪嬉戏，还有那墙壁上的青藤盘绕，又因此多了一种厚重的历史感，对这方土地不仅仅是眷恋，而且是心有所往。

资兴市 石坪村 黑坦垅

石坪·黑坦垅廖家

这里本是一个养在"深闺人未识"的乡野之地。奇山、秀水、竹林，丹霞地貌。第一次来黑坦垅是2009年，是一双脚走进去的。越过一两座山，在一竹林溪水拐弯的地方，只见远处一块偌大的丹霞巨石下，一弯塘水映衬出一排黑白分明的老宅子。5年以后，汽车可以直接通到老屋的前坪里。几栋老宅子门前挂起了红灯笼，有炊烟，有游人出出进进，农家乐、柴火饭、土家菜的招牌极其醒目。无人机在空中看到了另一番景象，不一样的黑坦垅全景。

听当地人说，黑坦垅前面的山形像一只展翅的蝙蝠，叫蝙蝠山，寓意福气多多；后面的山形像一头牛，叫黄牛山，传说是一位牛仙变成的；西南面的山像一只猴头，叫猴头山。猴头山和黄牛山相连，两山的交界处有一个狭长的山洞，像是牛鼻子，叫牛鼻洞。过去村里有句俗话："猴子牵牛，吃饭穿衣不用愁。"

黑坦垅说是一个村落，其实只有三四栋老房子，不过这些老房子年代都比较久了，最早的建于清初，最晚的一栋也有200多年。聚居在这里的廖姓人家并不是很发达，仅30户人家，100多人。平时只有一些老人和小孩，其他人都外出打工了。加上这里本来就偏僻，自然就略显冷清。也好，这正是城里人相约的好去处。

黑坦垅属资兴市高码乡坪石村，古民居坐北朝南，背靠红砂岩山体，石岩山上长满了竹林灌木。前临稻田与水塘，左右是旱土菜地。这些古民居属于典型的湘南风格的木质结构，青砖黛瓦，马头翘角。厅屋设天井，天井两边是厢房。有个天井里放着一块长条石，雕成棺材状，其实并不是棺材，意寓升官发财。在一厅屋两边基脚砖墙转角处，发现一石刻对联："柱石联星敢云光耀宗合祖，栋梁逼斗但愿显荣子与孙。"据说是村里一秀才所写。

尽管这里的房屋历数百年风风雨雨，除少许木雕开裂或者损坏以外，整体保存较好。青砖青瓦，清新自然的古村落，既像山洞里长出来的，又像是竹林深处人家，恰到好处地与背靠丹霞地貌融为一体。

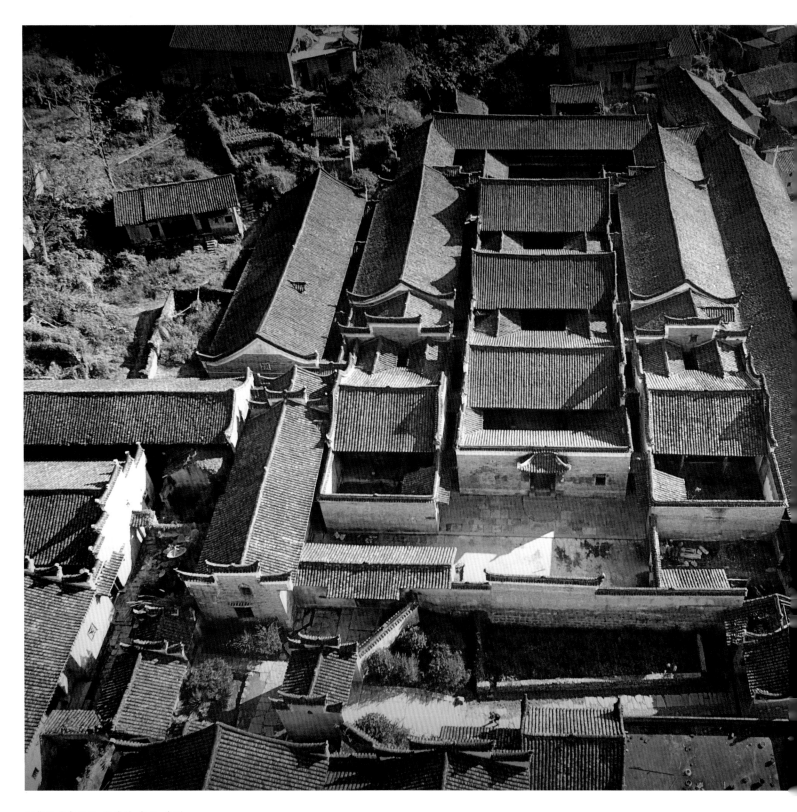

江华瑶族自治县 宝镜村 新屋 鸟瞰

宝镜·何家大屋

在湘桂边界江华瑶族自治县南面，有一远近闻名的庄园式古民居：宝境大屋。当地有民谣："宝镜村的屋，四蓝山的谷；上莫村的水，马鞍村的嘴。""三堂九井十八厅，走马吊楼日晒西。"说的就是岭东一带几个最有名村寨的特点，宝镜屋被列为特色之首。

宝镜，近处是一湾溪水，自南往北绕村而过；溪水源自村后的岩洞，常年不断，清澈甘甜；远处，一排松树如孔雀开屏。村后是两座翠绿的高山，两山相接形似笔架，故而又称笔架山；另有数十座山峰与笔架山相连，好像一条自北往南腾飞的巨龙，宝镜正好处于"龙头"的位置，特别是前面的山溪呈"S"形走势，像太极图中阴阳两极的交界线，而村中的明远楼和响泉口正好就如太极图的两"眼"，山水之间形成了极好的风水闭合。

大屋右侧长着百余株古枫，树围多在3米以上，树龄有四五百年之久。树丛四周，枯藤倒挂，蜂蝶飞舞。宝镜远处群峰环抱，近处绿树环合，充满了盎然的绿。其之所以取名宝镜，是因为"村前有一井塘水清如镜，可食饮，又能灌田"。登高看村子，确像翡翠镶成的"宝镜"。宝镜为何姓一族所居，《何氏族谱》记载，何氏先祖何应棋，怡情山水，性喜遨游，于清顺治七年（1650）由道州溯沱水、冯河而上，爱上了这里的风景，于是举家迁来建宅定居，从此何家在这里繁衍生息，至今已经传至第十八代，近千人。

坐东朝西的宝镜古民居群占地80余亩，房屋108间，前后共筑耗时近20年，由北往南依次分布为围姊地、大新屋、下新屋、老堂屋、新屋五个部分，其建筑风格类似于江南民居，砖木结构，马头翘角，三进九厅。座座相通，院墙相连，浑然一体。

正前方是一个呈"八"字形的门楼。门楼前面建有一半圆形用石板铺就的"月台"，站在"月台"上面，可观近处的田野与远山。进入八字门楼，其左侧是武书房，右侧是文书房。经二门楼进入右边门楼，便是宝镜最有代表性的建筑：新屋。

新屋中的堂屋由下、中、上三个厅构成，进深达50米，正屋全宽15米，一厅高于一厅，每厅均有天井，号称"三进大堂屋"。从上堂屋左右侧门可通往两边的小堂屋，小堂屋向大堂屋开门，与两旁厢房构成长房，前面各有天井三个，整体称为"九井十八厅"。屋内的天井都由四块完整的长条青石围边，底下由三块完整的青石板平铺，具有通风、采光、防火、排污的作用。屋后临山处还建有三层10米多高的炮楼，取名为"明远楼"，与不远处的两座望台相互呼应；完善的防火、防盗、防匪设施，使宝镜成了难以攻破的堡垒。

江华瑶族自治县 宝镜村

江华瑶族自治县 宝镜村 匾额「积德延龄」

344

江华瑶族自治县 宝镜村 新屋

何氏家族向来崇文重教、乐施好善，"以农为本，读书唯高"是何氏家族传统。从散见在宝镜古民居里的"积德延龄""厚德载福"等题赠匾刻，可得以印证。正屋大门、各大厅的上方现保存完好的3幅题匾，均为当年的社会名流所赠。新屋下堂屋"重望古稀"匾，系清同治三年（1864）永州知府为何育栗七十大寿题赠；中堂屋"厚德载福"为道光三十年（1850）翰林院编修提督、湖南学政为宝镜兄弟进士何步月、何步廷之母余氏六十大寿题赠。还有唐生智为何家人题的"齿德兼尊"匾。

早在200年前，宝境就建立了学堂供子孙就学，并规定凡本族子弟不分贫富，只要能读书者，都由公田租谷供读。《何氏族谱》记载，清代江华共有30名进士，宝镜大屋就出了10个，在这10名进士中，道光年间的何育栗一家4代8人进士，这在全省也不多见。

双牌县 坦田村 岁圆楼

双牌县 坦田村 岁圆楼

坦田·岁圆楼

　　双牌县理家坪乡坦田村，四面环山，东望马山寨，西靠凤凰岭，南依狮子山，北临天鹅抱蛋和美女怀胎山。按地书之说，坦田村左狮右象，属门卫将军玉帝命，有天兵天将守护，风水极好。当地诰命奉政大夫何贤寿所建的"二润庄""六如第""四玉腾飞"三座连体大宅，依次整齐排列，马头翘角，高大气派，风光了得。

　　三栋连体大宅取名为"岁圆楼"，据说屋主人是按照"九宫飞星"的风水理念选址建造的。或许屋主人一生中有个"九宫飞星"的梦想，于是在此圆一回岁月的梦。那些高大檐壁上画的"八仙过海""姜太公钓鱼""何仙姑登天""女娲补天"的彩绘故事，或许是屋主人初衷最好的注脚。

　　族谱记载，坦田村由何氏先祖建于北宋大中祥符年间（1008—1016）。全村332户1269人无一杂姓，清一色为何姓，皆发源于同一始祖，已繁衍48代。至今仍较完好地保存了大量明清各个时期的古建筑、古遗址，其代表建筑为清代古民居群"岁圆楼"。

　　岁圆楼始建于清道光十六年（1836），完成于清道光二十年（1840），实际上从建造到室内装饰，前后历时十余载，可见工程之浩大。据说为建此楼，主人专门供养了两班木匠和石匠，现在还流传"养死木工，累死石匠"之说。建筑专家们说，岁圆楼属典型的湘南农村古式建筑，又有湘中南民居建筑风格，其建筑艺术、雕刻艺术、彩绘艺术均达到了极高的境界。

　　岁圆楼坐西朝东，气势恢宏，古香古色，是典型的湘南农村古式建筑，"二润庄""六如第""四玉腾飞"和石头门柱上雕刻的"马山萃秀，坦水流祥""廉泉让水，义路礼门"两幅楷书对联，既概括了坦田的自然地理风貌，又凸显出主人崇尚儒家礼义的道德思想。清道光年间，一个叫何贤寿的富家子弟（其祖父号称富甲道州北乡），凭自己的聪敏勤奋、忠厚俭朴，做棉花生意发了大财。发财后，他置田园，建家塾。30岁那年，何贤寿就动手规划建这座"岁圆楼"，原打算建九栋，后只建了"六如第""二润庄"两栋和一栋专门用来招待达官贵人的"官厅"。"四玉腾飞"为其四子何昌智所建。

　　整个建筑呈正方形布局，每一座庭院上下三座，沿山势呈阶梯式建造，六级石阶，22间正房，共16口天井，大小房间82间。三个单元的房屋之间及房屋与围墙之间设有四条宽约1.5米的青石板巷道，每栋房屋的两翼均开设侧门与巷道相通，有分有合。四周有围墙，院落前有宽敞的青石坪，为院内和家族公共活动场所，秋收时可代作晒谷场。

双牌县 坦田村 岁圆楼 木雕

双牌县 坦田村 岁圆楼 木雕

　　大门有亭台式楼阁所遮护，门亭上有镂空雕成的立体龙头、麒麟等护院瑞兽。大门门框皆有石刻的楹联，门窗、墙上、屋檐、横梁上均有镂雕和浮雕的石狮、麒麟、龙凤、花卉。每厅都摆放着装香敬祖的龛桌，龛桌上雕饰着花鸟虫鱼等图案。

　　院落对面有装饰华丽的壁照，壁上塑有彩绘的"八仙过海""姜太公钓鱼""何仙姑登天""女娲补天"等寓言故事。耳门全部以条石作底，门框用优质青砖砌成。室内靠天井边和室外地面全部用青石平铺。地面用传统工艺技术浇注，旁边还建有官厅、油坊、花园、祠堂、戏院等配套建筑。

　　在这三栋连体建筑中，中门"六如第"最为气派，室内修饰及各种门雕窗雕也最为精致，极其讲究，三厅都有匾额，有精致的木雕。这里的老人还记得前厅匾额为"鸿案齐眉"，中厅匾额为"婺耀天南"。

双牌县 坦田村 岁圆楼 雕花床

这户人家保存有完整的清代镂空雕花木床，雕花床两边有清代大书法家何绍基题写的"休怪题诗难下笔，枝头鸟语话红妆""不要畏寒疑不放，要留春色献江南"对联，还有花鸟绘画。怎么家住道县的何绍基在此家雕花床上题字画画？他们听祖辈说，屋主何贤寿与何绍基有些沾亲带故，至于是什么亲他们也说不清楚。也正因为有了何绍基的题字，这张床愈加值钱，其后辈为了保护它还花了不少心思。说有两次贼人为把雕花床偷走，将他家狗毒死，但正好他醒了。

双牌县 坦田村 岁圆楼 石刻

双牌县 坦田村 岁圆楼 石刻

双牌县 坦田村 岁圆楼 石刻

双牌县 板桥村 吴家大院

板桥·吴家大院

　　双牌县理家坪乡板桥村，有一个吴家大院，过去很是气派，现在已无人居住。这种独院独居的大宅子实为湘中南地区清代典型代表性民居。这里，曾经出过府台大人，走出过若干个进士与举人。这里，古树参天，林荫蔽日；"月亮潭"清澈见底；四周竹苞松茂，鸟语花香，景色宜人。

　　吴家大院由清嘉庆年间庠生吴景云所建，吴景云父亲吴学神为嘉庆年间进士，吴景云育有三子：吴俊魁、吴乃武、吴俊伟。清咸丰七年（1857）至清咸丰九年（1859），长子吴俊魁及次子吴乃武高中举人后，分别在院前立石碑、石柱、拴马桩，并在石柱上分别刻文记载。此后，吴姓子孙长居于此，繁衍生息。

　　吴家大院占地 40 余亩，分前院、中院和后院 3 部分。前院"拔萃轩"与中院"棣萼齐辉"两院相连，并与后院 3 个部分构成一个和谐的大院落整体。传统砖木结构，青瓦覆顶，马头翘角。前面有操坪、护栏和鹅卵石砌成的围墙。院中有 3 个大厅、12 间厢房。大厅两侧均有一条 1.8 米左右整齐的青石板巷道，左侧为"棣萼齐辉"，有 4 个大厅、16 间厢房，设计与中厅一致，厅堂前后各有厢房和天井，过道、天井处由青石板铺设。后院为祖宅，由吴景云祖辈于明末清初修建，比其早建百来年，共 4 栋，每栋依"风水"而建，排列有序；青石铺路，错落有次。

　　"拔萃轩"与"棣萼齐辉"两院之间，有一条青石板铺设的巷道和过道，长长的巷子，高高的飞檐。檐下有彩色的壁画，图形生动传神。大门上方有斗拱，梁枋及榫头，雕有各种图案；木板照壁和房间门窗大小雀替，镶嵌花草木雕……

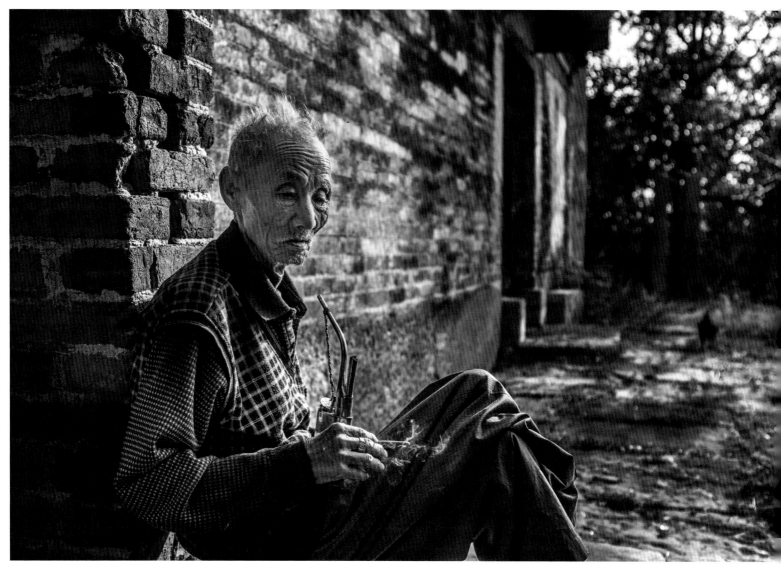

双牌县 板桥村 吴家大院

"拔萃轩"前一字排开的八根旗杆石，经几百年的风吹雨打，虽然旗杆早已腐朽消亡，但拴马石仍屹立在院坪里，石头上篆刻着的精美图案和文字仍然清晰可认，体现出这个大院的不同与曾经有过的显耀，它们仿佛一群耄耋老者，静坐在山谷间，沐浴着暖日。

坐在巷道门槛抽着水烟的老人名叫吴柏道，他出生在这栋老宅。1949 年参军，入朝鲜作战，打了 3 年仗，他说与这栋大屋同去的另外两个均牺牲在战场上。整栋大院就住着两户两位老人。吴家老人说，不喜欢跟着儿女们住在外面盖的新屋，他出生在这老屋，死也死在这老屋里。2012 年我第一次在老屋见他，他 85 岁，4 年后我再一次去吴家大院，他刚过世。

守望着古民居的老人们，也在守望着他们逝去的岁月，守望着内心的平淡和寂寞，他们期望老宅的生命一如既往地延续下去，期望一种文化传承在现代文明中不被湮灭，期望老宅被一种新的气息重新充盈……

一块铭文砖，一条青石巷，一缕香烟绕，一场古色香，仿佛可窥千年……

双牌县 板桥村 吴家大院 铭文砖

双牌县 板桥村 吴家大院

耒阳市 东坪村 "五美堂"周家老屋 鸟瞰

耒阳市 东坪村 五美堂

东坪·五美堂

耒阳蔡伦竹海的耒水河畔，坐落着 4 栋单体古宅，叫周家大屋，又名"五美堂"，大屋里的主人为三国名将周瑜的后裔。

周家大屋掩藏在耒阳市太义乡东坪村古树茂密、风景如画的耒水河畔，东、西两岸，一边两栋，一水相依，隔江相望。这 4 栋老宅建于清康熙末年至清光绪年间，最早的两栋建在耒水河西岸，东岸两栋是从西岸"发"家分支出来的。在这 4 栋老宅中，"五美堂"年代最近，最为大气、壮观、气派。它东面倚山，西面临水，屋前古树参天，环境幽静，好一幅古代人文与自然一体的乡村画。

《汝南周氏谱》记载，"五美堂"始建于清光绪十六年（1890），是"汝南第"周氏德埴和妻沈氏云英率五子常桂、常树、常槐、常材、常桥耗时 3 年建成，故名"五美堂"。据耒阳县志考证，周德埴（1831—1898）系三国时期周瑜第五十二世孙。

周氏最老的宅院位于耒水河西岸，一栋建于清康熙年间，一栋建于清乾隆年间，均比"五美堂"早一二百年。耒水河东岸另一栋周家老宅，"五美堂"主人周德埴就出生在这里，也是周家大屋中最普通最简陋的一栋大宅，一进两厢房。这四栋周家老屋，建造年代虽然相隔 100 多年，但均表现出当地吞口式锁头屋特色。

"五美堂"斗拱飞檐，各院相通。室内天井看似极为普通，却是汉白玉铺设。檐下、梁上均有雕刻与绘画，时间虽久，依稀可以看到宝瓶、镜子、时钟、人物等图案和写着诸多情趣盎然的诗句，那些寓意吉祥的龙凤蝙蝠、桃花菊花、荷花葵花等，做工极为精致，神龛上方高悬的多块清代光绪、嘉庆年间的匾额，彰显着这户人家过往的荣耀。"五美堂"坐东南朝西北，三进四厢，砖木结构、小青瓦，屋脊饰鸱尾、塑瑞兽，以此震慑邪恶。建筑面积 3680 平方米，有 48 根木柱，大小房屋 51 间。按中轴线依次分为前厅、中厅、祖堂。前厅主大门居中，门额墨绘"图书第"，左右连排共垛厢房，布局对称庄重，柱础上圆下方，意为家圆人旺，国泰民安。

第二进为中厅，与天井浑然相映成趣。屋檐彩绘画着传统文化故事，八仙过海、五福八卦等，昭示周家祖先重文崇礼，向往安静美好的田园生活。最后一进为祖堂，祖堂设神龛，摆放祖先牌位，庄重威严。整个周家大屋布局严谨，设计合理，建筑考究，飞檐斗拱，浑然天成。

资兴市 石鼓村 程氏大屋 牌匾

石鼓·程氏大屋

资兴市程水镇石鼓村因皇上御赐石鼓一对而得名。传说清朝中叶，村中有一位读书人中举，因立功而受到皇上的奖赏，赐给他一对玉鼓。可在回家的路上，因长途跋涉，一对玉鼓不知何时被丢失，聪明的读书人也不声张，回家后请工匠挑了两块上好的青石，雕刻出一对精致的石鼓，摆在大门的两边，说是皇上的御赐品，于是这个村即得名为石鼓村。

程氏大屋始建于清嘉庆十五年（1810），坐北朝南，砖木结构，建筑面积2868平方米，正栋7扇大门，6条起直巷，21个天井，属典型的湘东民居建筑风格。程氏大屋外观恢宏大气，屋檐墙垛，鸡冠斗子高翘，内饰木雕石刻，泥塑龙凤、蝙蝠等。前面是一块供晒谷用的大禾坪，两端各一立一对旗杆石，旗杆石还在，只是没有了旗子。里面的人多已搬了出去。

整栋建筑两条横巷把正栋分为上、中、下栋，形成上、中、下三厅一体。大门上悬挂着"程氏大屋"的牌匾，两边悬挂着"拔贡""钦赐登仕郎"等前人的学位、荣誉牌匾。上厅北墙嵌有精致的雕龙神龛，中厅挂有一块清道光十年（1830）的"香山一老"寿诞大牌匾，两边配阴阳木刻的烫金对联。

程子楷1872出生于程氏大屋，1876年选为拔贡，经朝考，授湖北省任知县，1904年弃官东渡日本，留学东京振武学校和士官学校。1905年首批加入同盟会。1913年任湖南讨袁第一军总司令。1915年护国战争爆发，程子楷入护国军第二军，任右翼司令，授陆军中将军衔。1917年南下广州参加护法军，任湖南总司令部清乡督办兼筹饷督办。1937年抗日战争爆发，1944年6月长沙沦陷，程子楷避居故里。1945年除夕之日，由于汉奸引路，程子楷被捕。在除夕之夜自缢殉国。程子楷殉国后，1946年国民政府为其举行国葬，并追授上将军衔。

桂东县 贝溪村 聚龙居

贝溪·聚龙居

聚龙居，因山脉走向似群龙聚首，故名。这是一座具有一定规模的既有江南风格又有地域特色的古宅，"三进九厅十八井"，大小居室99间半。在湘东八面山下的穷乡僻壤里，是什么人那么有钱？能建造如此规模如此大气的民宅？

走进贝溪，一股浓郁的乡村气息扑面而来。扬眉远望，群山环抱，绿树掩映，真可谓是白云生处仙境，桃花源里人家。我在距离聚龙居50米处一户农家住下，女主人姓郭，说是聚龙居主人的第五代后人。她说以前一直住在聚龙居老屋里面，自从盖了新屋之后就搬出来了。其实现在的聚龙居已经非常冷清，只住了两三户老人家。

《桂东县志》载：聚龙居于清同治年间由时任雷州半岛厘金官郭同朝所建。后据考证，郭同朝曾任广东海丰县盐政司司长，于清光绪十二年（1886）开始建造这座悬山式土木结构、风火山墙、前后两个庭院的大宅，历时六年建成。为什么是99间半，而不是100呢？一是因为在古代"九"为最高数，又与"久"谐音，也被当作吉利的数字。据说，北京紫禁城里的房子就是九百九十九间半。二是因为天下没有十全十美，物极必反，水满则溢，致盈则亏，想必是这般道理。

聚龙居坐西南朝东北，外有土夯墙，东西两个大门出入。入东大门见一墙联："贝山气灵钟鸿开甲第，溪水源流远蔚启人文。"恰到好处地把贝溪的山水人文概括于此。门柱又一联："红映兰阶生瑞草，光凝桂柱长灵台。"门楣上横联："红光萃。"入西北大门上书有"物华天宝"四字。

院前有一宽阔晒坪，整栋大宅有三个大门出进。正中门额上为楷书"聚龙居"，双页大门，门上绘门神，檐柱左右上方雕刻刘海砍樵故事，檐角饰以花鸟图案，神龛上供列代祖先灵位。左右两边门题分别为"胜金谷""赛玉川"。三个大门进去都有天井，分前、中、后厅，左右为厢房，有耳房、厨房、浴室、杂屋等。整栋大宅前后连接，贯通一体。外形古朴简约，含蓄而不张扬的聚龙居，其室内装饰却相当考究，并且体现了主人深厚的文化根基和内敛的心理世界。

进入聚龙居，如入一座艺术殿堂，木雕、砖雕、石雕、泥塑精雕细刻；彩绘、壁画、壁书古色古香；屋檐、房梁、拱门、天棚、柱础造型美观，融绘画、书法、诗文于一体，汇人物、禽兽、花木于一体，各种图案，寓意深刻，姿态纷呈。

整个阁楼就像一个古画展厅，向人们展示世间万象、当地的乡土人情及民俗风尚。有建筑学者考察后说过这样一句话："北京故宫是集中国传统建筑艺术之大成，而聚龙居是集中国民间建筑艺术之大成，堪称一绝。"

桂东县 贝溪村聚龙居 天井照壁

　　"赛玉川"后院有左右两个花厅，叫"居易所"。左花厅照壁正中间有1米多高"寿"字，两旁是楹联："有竹有松今栗里，一觞一咏古兰亭。"为古屋主人郭同朝所书。照壁上方有"郭子仪捆子上殿"和"打金枝"的历史故事以及民间传说的图案。右花厅照壁正中曾有1米高"福"字，两边有楹联："凤篁须长笑，流水当鸣欢。"室内墙壁正中还有一"福"字，两边有"霁月光风况此胸臆，春葩丽藻粲于齿牙"对联。

桂东县 贝溪村 聚龙居 室内彩画

　　最为丰富的是二楼的私塾楼。这里极少有人到此，有人称此处为"私家敦煌艺术"。30
多幅壁画画于四周的墙上、木板上和天花板上。墙壁上有孔子画像和"德昭泗水浮天地，道
衍象山冠古今"的对联。天花板都施彩画，以橙黄色牡丹花搭配蓝色的牡丹藤蔓担纲，以井
口为中心，向四周延展。每隔几十厘米就有一个框格，框格或扇形，或方形，或圆形，或花瓣形，
或寿桃形，框格内绘有人物、山水、亭台、楼阁、古木，花鸟、虫鱼、鹿猫、麒麟，农夫犁田、
渔樵耕读、树下对弈，题材广泛，均为中国工笔画。画中有动有静，用墨丰富，人物栩栩如生，
花鸟虫鱼楚楚动人，植物生机盎然。

汝城县 土桥村 "文武世家" 牌坊

汝城县 土桥村 八角楼

土桥·文武世家

《汝城县志》记载：明洪武五年（1372）至十八年（1385），陈友谅余部巨贼钟君道，纠合四方亡命之徒，啸聚江湖，猖乱汝城，或白昼杀人，或夜行出劫，致使汝城境内百姓不得安宁，道路唯闻啼哭，风鹤亦致心惊。人们纷纷逃至岩穴，保全性命，以至"瞰视四野，田畴尽皆荒芜不治，不死于寇，必死于饥"。

明洪武十九年（1386），明太祖朱元璋部将广武将军骑都尉李兴，升授骠骑将军，奉调剪除，令其率部到汝城进行剿匪。李兴不负圣望，于明洪武二十年（1387）平定寇乱，立下赫赫战功，朱元璋龙颜大悦，明洪武三十年（1397）敕封广安所为"军营"，设"千户"，配置兵勇，并让子孙世袭。

由朝廷颁发关防印信，给赠铁券，令李兴"永镇兹土，子孙袭之"。传至五世孙李安，李安明成化癸卯科进士，有文德、多善政，"心性宽和，才识敏捷"，其"以武力开基而以文德继之"，明弘治二年（1489）钦命为李安立文武世家，故赠"文武世家"匾额，建此木牌坊。

"文武世家"牌坊，为八角楼门楼建筑，门前有一对石鼓，牌坊形制上保留有明代风格，使用了古老的插拱造技术，装饰富丽堂皇。八角楼旁是李氏宗祠，自李兴一族在广安所扎根落户，繁衍生息，李兴遂为李氏始祖，明正统二年（1437）朝廷敕封其宗祠为"元勋第"。

土桥村"文武世家"牌坊，坐西北朝东南，面阔3开间，用12根圆木柱支撑，中间为木板墙，横额题"文武世家"，额下方有浮雕双龙戏珠，门楼为木结构，歇山顶，琉璃瓦，飞檐翘角。主楼有如意斗拱，出7跳，左右两侧间衬如意斗拱，出4跳。前后檐斗拱斜向跳出楼梁外。主楼脊两端饰以陶质鳌鱼，脊中央饰宝瓶葫芦。底檐四翘角与顶檐四翘角互相呼应，故称"八角楼"。

一个村子一个姓，一个姓氏聚居在一起，这是中国传统社会结构的延续，这种宗亲血缘又是维系社会稳定最基本的纽带。

汝城县 土桥村 "圣旨" 牌坊石刻

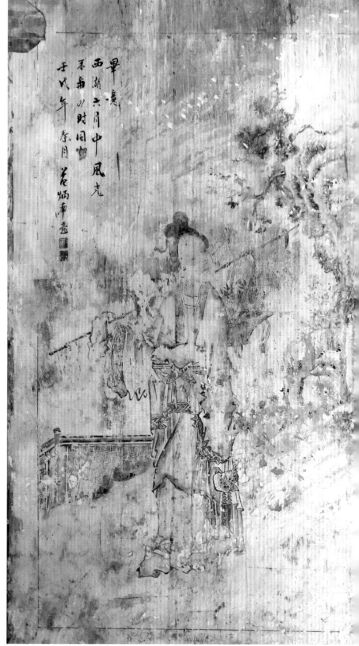

汝城县 土桥村 壁画

　　李氏宗祠内有一块石雕"圣旨"碑，正面居中浮雕"圣旨"两字，两侧饰以龙纹；背面正中浮雕"恩荣"二字，饰以凤纹。是20世纪拆除门前石牌坊幸存下来的。中厅两边山墙内各绘有四副条幅及一副对联，左边对联为："金堂玉马风云际会，苍松翠柏雨露长新。"右边对联为："爱日依庭祥云在户，瑶坛为质松柏居心。"。绘画内容与对联之意相关。

　　土桥村李氏宗祠。正中大门彩绘门神，形象高大威猛。两侧次间各开一小门，门上亦彩画门神。见过许许多多宗祠及门神，唯汝城县宗祠大门门神普遍，不仅大气威严，而且制作精致，细细抚摸，从脱落的锈迹中能看出镶嵌着的银色底边，几百年了仍然金光发亮。李氏宗祠特别之处是大门上高悬明洪武年"钦赠铁券"匾。

汝城县 土桥村 门神

李氏宗祠始建于明成祖永乐甲辰年（1424），是汝城保存的建造年代最早的古祠堂之一，属湘南民居祠堂建筑的典型风格，青砖黛瓦、石灰勾缝、马头山墙、飞檐翘角，木刻石雕做工精细，装饰考究。祠堂坐西朝东，三开间两进两天井，高平屋饰三级风火山墙，五架梭形梁穿斗式砖木结构，是中国传统建筑中历史最悠久的木构架。大门有门神守护，整个祠堂无窗，两个天井采光，天井"聚风聚水聚财"。

李氏宗祠也可以说是汝城众多祠堂的代表，自古祠堂建筑深受理学和儒家思想的影响，"遵礼法，崇儒学"，与族规家训形成整套祭祖仪式，成为古代乡绅阶层弥补"皇权不下县"治理地方的平台。同时反映在整个村落布局上，围绕祠堂而建，严格讲究秩序，具有深厚的文化内涵。在这里，似乎看到了汝城祠堂群中所散发着的理性光芒，这光芒是儒家"耕读传家"思想的表露、体现与传承。

郴州市 村头村 鸟瞰

郴州市 村头村 何孟春故居"九荣"门题

村头·尚书第

去村头，缘于那里出了一位吏部尚书何孟春（1474—1536）。吏部尚书，中国古代官名，掌管全国官吏的任免、考课、升降、调动、封勋等事务，是六部中吏部的最高长官，为中央六部尚书之首。唐宋是正三品，明代是正二品，清代为从一品。通常称为天官、冢宰、太宰。

何孟春不仅仅官做得大，而且在任期间，正派公正、为官清廉、兴利除弊、革除陋规、直言敢谏，做了不少有利于朝廷和百姓的事，也因此多次被贬。更重要的是他有不凡的文学成就，算得上明朝文学家。他于明孝宗弘治六年（1493）中进士，初任兵部主事，后升任员外郎、郎中，历任河南参政、太仆少卿、太仆卿、都察院右副都御史兼云南巡抚、兵部侍郎、吏部侍郎、吏部尚书。他博学，通上下古今。他的《余冬序录》，类似王充的《论衡》。他还参与了《陶渊明集》《四库全书》《明伦大典》的编写。

村头村属郴州市北湖区鲁塘乡，坐落在丛林青翠的后垅山下，五座山岭像五匹骏马围绕全村。村前有溪流环绕，潺潺流水如玉带。村旁有一大池塘，塘边有垂柳，柔柳轻扬。据何氏族谱记载，早在宋朝淳熙初年（1174），何氏世祖广东连州籍人，任朝散大夫郴知军州事都统，后定居于此，至今已有800多年历史。

有史以来，这里人才辈出，并且为后人留下了公祠、官邸、民宅等百多幢建筑。这些古建筑大多数建于明清时期，青砖黑瓦，飞檐翘角，风火鸡冠跺的建筑风格，尤以何氏宗祠、尚书第豪宅最具代表。何氏宗祠石大门槛横刻有"二龙戏珠"，门两侧有石鼓石狮。何孟春"尚书第"位于村中央，大门前是一条整齐的青石板路，石门槛与石柱均刻有二龙戏珠，大门槛上写有"九荣"两个大字，周边是精致花纹。中国的数字，"九"算是最大的数了，"九荣"大概是说此宅里的人物曾经获过多得不能再多的殊荣吧。

何孟春人称是常想思民的古代贤臣，他一家曾有"三代进士、五代科甲"的殊荣，何孟春祖父何俊，曾经做过云南按察司金事。父亲何说，官至刑部郎中。何孟春学问广博，明弘治六年（1493）考中进士，明嘉靖六年（1527）上书称病告老还乡，嘉靖十五年（1536）于家中逝世，年六十二岁，谥文简。

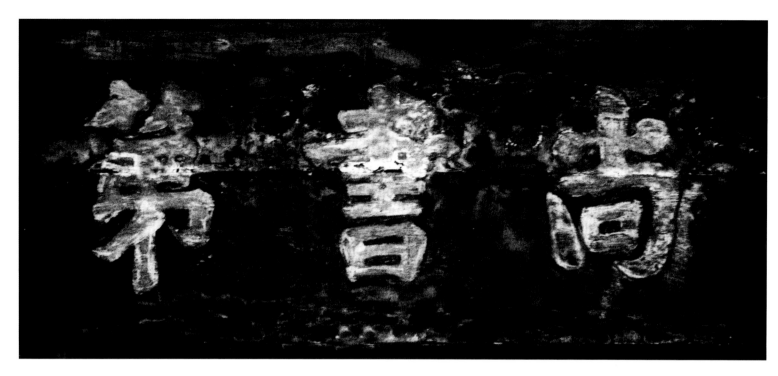

郴州市 村头村 何孟春故居 "尚书第"牌匾

郴州市 村头村 何孟春故居 木雕

　　跨过门槛是一道屏风木门，木门进去是一大天井，天井是用青石板铺的，天井旁有石墩、石盆，四周都雕有精致花纹。神龛上方悬挂"尚书第"匾额，抹了金粉的"尚书第"三个大字已看不到光泽，和这陈年老宅一样，整个大堂略显昏暗，若不是"尚书第"尚存，完全不知这里曾经出过一个大人物。只是大厅里屏风木雕保存完好，能看出是显贵人家。

郴州市　村头村　何孟春故居　屏风木雕

新邵县 龙山村 雅居坑

新邵县 龙山村 雅居坑 鸟瞰

龙山·雅居坑

深山老林之中怎么会独独有一栋如此经典的四合院落式建筑？原来，这深山里有座锑金矿，院落的主人为清末有名的锑金矿老板——陈氏兄弟。他们于清道光年间至光绪年间在此建房并多次扩建，于是有了现今的这座院落。

雅居坑因处深山，山上植被茂盛，树木林立，终年翠绿。院前古树参天，竹林掩映，景色秀丽。屋前一条山溪，终年叮咚流淌，就像一位出色的琴师在这里演奏着一曲曲优美悦耳的乐章，一年四季，季季更替，令人陶醉。当无人机在空中时，则看到另一种景象：万山之中一品红，好美！好静！

雅居坑坐落在湘中地区新邵县太芝庙乡龙山村海拔670米的龙山南麓，从太芝庙乡一路往深山里行走，不知转了多少弯，爬了多少坡，走了一二十公里后，终于在路的尽头到了雅居坑。四面环山，独独的一座大宅院，地地道道的"藏在深闺人未识"老宅子。

"含烟含黛玉为屏，青峰矗立隐芙蓉"的龙山，素有"天然氧吧"之称，而雅居坑就镶嵌在龙山半山腰里。有首诗是这样描写雅居坑的：遥看古院雾纱中，疑是瑶台入眼瞳。历尽沧桑神韵在，欣逢盛世又春风。昔日雅居坑地处深山，野猪成群，当地百姓一直叫"野猪坑"。解放后政府觉得不雅，便更名为"雅居坑"，现住有十几户陈姓人家。

陈氏家族于明朝末年由江西迁入邵阳。当时陈家兄弟给当地做帮工，清道光年间，龙山发现锑金矿，陈氏兄弟便打出了第一口矿井，渐渐地"发"了起来，在此兴业立家。开始建一正屋，面阔三间，后来进行了改建与扩建，民国初年（1912）在正屋右侧建了相对独立的砖木结构四合院，青砖砌墙，顶盖青瓦，墙上绘画，院前院后各建有四层楼的碉堡，养有十余家丁。据说陈氏兄弟雇有矿工多时上100人，富甲一方。

环顾四周，"四水归巢"的雅居坑风水极佳，如聚宝盆一般。整个建筑群布局紧凑，且与四周的山势融为一体，窗棂、门楣等木结构件及镂雕花鸟人物，技艺精湛，属于典型民国时期建筑风格。靠南向的窗户有几孔为拱形，有着西式建筑的元素，院落为三层长方形结构，院内四周有宽畅的扶梯上下并与木质走廊相连，让人有种如入"迷宫"的感觉。

宜章县 樟树涵村 新屋里 鸟瞰

宜章县 樟树涵村 新屋里 窗檐泥塑

樟树涵·新屋里

新屋里吴家大院，坐落在宜章县城不远的山洼里，当七拐八拐寻找到它时，只见一座气势雄奇、壮美无比的八个马头墙展现在面前。见过湖南许多的古村老宅，见过许多的马头翘角，第一次看到如此排列有序、威严高耸的，真没想到在湘南靠近广东的山区居然还隐藏着这样一座气势恢宏的大宅院。

大院的主人姓吴，吴家先祖于清康熙年间来到此地。族谱记载，吴家后辈吴氏四兄弟，老大、老二为盐商，老三、老四学武，老四于清道光二十年（1840）中武举人，被钦赐"武魁"和"候选都阃府"。清道光元年（1821），吴氏四兄弟在旧宅基旁修建了这座面阔九开间，纵深三进院落的青砖青瓦马头墙组合式建筑群，故称新屋里。

这座古宅院建筑形制以横列三进式天井院落组合为主，整个院落式民居建筑群完全依湘南传统的对称布局建置，为整体一栋对外封闭的四合院。有各式房屋108间，厅、堂、室之间由大小天井相隔、巷道相连，花园点缀，分前坪、回廊屋、内坪、正栋、后花园，一气呵成。其房屋沿进深方向扩展，并以"进"为单位形成空间序列。因为有了院落，也便形成屋与屋之间的庭院空间。其院落也因土地面积所限而为狭小的天井形式，因此，天井成了这个院落式民居纵向空间序列中不可缺少的元素。

进入内坪，雄伟高大的具有湘南地方特色的清代院落民居，高高耸立的马头屋垛直插云霄，甚为壮美。正厅为二进，正栋中心设正厅、后厅，自二进大门进入正厅内，中门将正、后两厅隔开，后厅为三进，是用来供奉祖宗的牌位。横向，以正厅为中轴，左右对称，两边各建三条纵向通巷。正厅下沿，有一横巷，恰似一腰带，将整个院落连成一体。

高大的马头墙，严整的纵深布局，考究的中轴对称，各户均以天井组合而形成住宅单元，既科学又实用且美观。新屋里从入口到室内，从大的外观到内部的细节，精美雕饰俯拾皆是，尤其是一些讲究的部位，往往同时使用木、灰、石三雕。三者相互辉映。可以说吴家大院是一座集建筑、雕刻、绘画艺术之大成的古民居。

新屋里外观虽然简单、纯朴、素雅，但内在的装饰装修之精美，一样让人叹为观止。新屋院落的精美在于科学布局与精致的装饰，主要表现在其雕饰墙面和马头墙的巧妙运用。隔扇门窗、斜撑、栏杆、额枋、门罩、梁、柱础、抱鼓石等，到处都运用得恰到好处。

从观赏的角度和艺术表现上，马头墙无疑是这座湘南传统院落式民居外观艺术美的重要体现。吴家大院马头墙形状各异、纵横有别、变化丰富、错落有致，尤其是层层叠落的态势，极富艺术美感，令人百看不厌。这种变化让外形原本简单的民居院落，显得生机盎然，富有美的灵性。

从远处看，从高处看，一色的青砖外墙，单调、朴素而让人不经意间产生一种冷漠之感，并因其结实与高大的墙体，自然带有一种恢宏、雄壮、凛然之气，体现了强烈的对外的戒备性与自我保护性。这些强烈的安全防范意识，说明了清代湘南边陲民族冲突和社会动荡的历史状况。

北渡·翕园

　　新化县城西边的北渡村是一个杨姓人家聚居的村落。这个村落有座很有名的古宅，叫"翕园"。来到北渡村，首先进入视野的是一座高大的"贞节"古牌坊，这是我见过的湖南为数不多的保存最好的牌坊之一。牌坊高约10米，四柱三门，正反两面上方都有一块竖匾"圣旨"。中门上方刻工整有力的"杨拱星妻曾氏节孝坊"九个大字。

　　"翕园"属典型的新化经典古民居，横向和纵向的风火墙高大、别致，坐北朝南的建筑正立面非常漂亮，就像一个巨大的城堡。可惜随着近些年农村居民不断改建新房子，原来偌大的院子只剩四分之一还不到，即便如此，仅凭借这剩下的一角也可以想象当年这个院子的壮观场面。

　　宽阔八字墙朝门，门额上"翕园"二字是屋主人杨少耘于清宣统元年（1909）自题。杨家人几代书香，杨少耘的父亲就是通过科举在清朝廷当了官，杨少耘本人也是走科举之路当了官。杨少耘有五子二女，全部走出新化，成为时代精英。其子杨开道获美国硕士学位，回国后在上海一所大学当教授，新中国成立后，任武汉大学农学院院长。其二女儿杨小燕，是美籍华侨，为世界著名的"桥牌皇后"，著有《我在中国的十九年》。

　　举头望着"翕园"二字，我在想，但凡有着历史文化的宅院，屋子里自然处处透露出一种富贵之气，"翕园"就是属于这一类。

原来这牌坊是用来纪念杨拱星妻子曾氏而立的。杨拱星是明朝正德、万历年间人物。杨拱星之妻曾氏是当时有名的贞妇，而牌坊的建立是在300多年后，清光绪二十四年（1898），其派下十一世孙长沙县训导杨继贞报请朝廷立了这个牌坊。牌坊下面有条石板路，是条古驿道，沿途还能见到零星古井、铺面遗迹。离牌坊不远处就是"翕园"。

新化县 北渡村 节孝坊

邵阳县 六里桥村 吕霞观大院 匾额

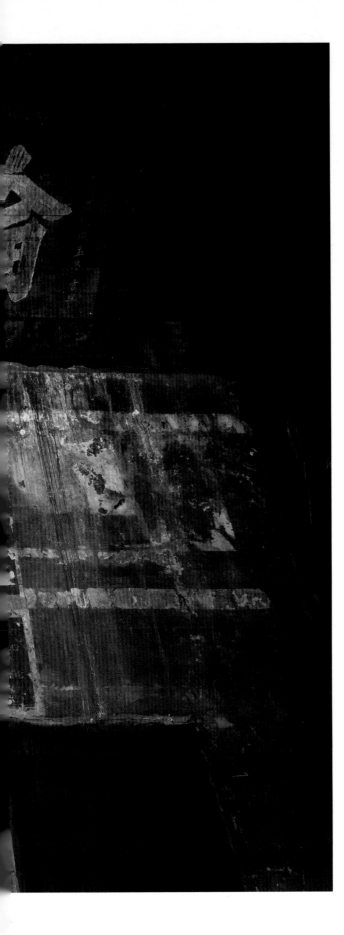

六里桥·吕霞观大院

邵阳县五峰铺，一座有着600多年历史的古镇，昔为宝庆南路重镇，称"南路五峰铺"，为湘中地区宝庆府的"四大名铺"之一。当地人常说："走过天下铺，当不得五峰铺。"可见当时的五峰铺有多繁华。

五峰铺有两个大姓：吕姓和蒋姓。五峰铺旁的六里桥村坐落着几座古老大院，吕霞观大院、吕氏宗祠（青桂堂）和六里桥等，均为湘中巨富、清代太学生吕腾蛟所建，其中吕霞观大院保存最好。正厅前厅有"春生杖履"匾额，后进正厅的神龛是祖宗的排位，上有清道光戊戌岁（1838）的"纶阁辉蔼"四个烫金大字巨型匾额，宽3.6米，高1.28米，这是我见过的湖南现存古匾中较大的。匾四周均饰以花纹雕刻，上端有"双凤朝阳"的雕刻图案，并烫有金边。两边墙上挂有一木刻烫金对联："承堂上看从头甲子继椿龄而绵鹤算，庆衍门庭羡绕膝丁男储国器以振家声。"

吕霞观大院是一个纯粹的原生态的古民居建筑大院，始建于清道光八年（1828），竣工于清道光二十年（1840），砖木结构，左右对称，排列整齐。现存房屋18栋，每栋房屋建造结构和式样基本一致，木梁架，圆木柱，走廊，前壁及间壁为板壁，前窗全为木雕花窗，柱础上都雕有花草鸟兽图案。

现在的吕霞观大院很是冷清，仅住有三五户人家，坪里及墙脚处长满了杂草，让老屋显得有些破败。一位年愈90的老者不停地讲着这老屋的故事，隐隐约约知道他是这祖屋的第四代嫡孙。一二百年的光阴虽不算长，但它足以让许多老去，那些古老的建筑也会被岁月洗尽铅华。

六里桥还有三个老院子：围墙院子、西山湾院子、李下贯院子。为吕腾蛟的三个儿子分别修建，建筑结构和式样与吕霞观大院基本相同，这应该是地域所致。一方水养育一方人，也养育生活在这里的人们的住所。

似水流年，回不去的时光，一代又一代人从这里走出，一群又一群人从这经过，只留下一句，曾来过你的小镇、你的老屋。五丰铺这座古老的小镇、这样的老屋，被四周连绵的青山环抱，又如轻纱缥缈的水汽所笼罩着，朦胧中带着静谧。漫步于老街，再寻觅于老宅，光与影交错着，虽然老街与老宅早已失去了昔日的繁华与荣光，但依然依旧伫立着，只有斑驳的墙壁显露它的久远……

娄星区 水洞底 王家老屋

水洞底·王家老屋

每每行走在乡间，总能看见青山绿水间的一座座老宅子，老墙，青砖墙，黛瓦，虽然脱落、残破，岁月已经让它们渐渐老去，但历史与文化却在它们身上呈现。

村里人说，这是栋地主老宅。走过许多乡村，但凡现在能够保留下来的历史民居，多为过去富裕人家修建的，"土改"时划上地主成分。当历史将尘埃拂去，今天再来看看那些老宅子、大院落的时候，可能人们怀揣的已经不再是当年的那种所谓阶级仇恨，更多的是用一种历史的客观的眼光，甚至是一种审美的情绪去看待它欣赏它，包括它的历史价值。

面前的这栋老屋，我的第一感觉这是一处上好的风水宝地。一弧形山洼地势坐落着一栋颇具湘中地区民居特色的经典宅院。后面是葱翠竹林，前面左侧是方形水塘，水塘前有一口三眼古井，从地底下冒出来的是冬暖夏凉的泉水，且终年不断。再前面就是一片开阔地，数百亩稻田铺洒开去。

这里像是个聚宝盆，又像是个口袋，很有纳财聚气之意，让我不得不佩服这个风水先生。从正面看不到大门，只看见三个风火垛子高高耸立，让老宅平添了几分隐秘与大气。

别具一格的是靠水塘旁的阁楼，又叫绣花楼。虽然绣花楼中部有些已经坍塌，外墙已经脱落，水塘的水面漂浮着水草及其他杂物脏物，但想象得出来，这家小姐当年拂栏凭眺，憧憬未来，或穿针引线，绣着"荷包"的情景。无疑，风情风物都是景。

其实，它是一座袖珍式院落，坐南朝北，一门三进四天井，再加后栋延伸出的绕水塘长廊。环四周一看，除了外墙和几垛高高的风火墙是火砖砌成之外，内墙与长廊均是土砖。无论怎样，在四周三面环山之中，这是一处绝佳之地。

曾经的幽静与古老、光鲜与败落，流淌的是历史变迁、岁月更迭……

娄星区 水洞底 王家老屋

　　凡铭记于史册的都带着岁月的沧桑与历史的厚重，当发现这些老宅子的时候，总让人有种想近距离接触它们的冲动。2012 年 4 月，在涟源杨家滩拍摄湘军名将大宅院，有当地老者告诉我，距离杨家滩不远有个叫水洞底的地方有栋很漂亮的老宅。

　　住在这里的人说，其实王家并不算这一方的所谓大地主，只是善于经营打理，至解放前有了一些田地，盖了这栋大屋。"土改"时房屋都分给了八户贫农。人民公社时期这里成了几百人的大食堂，现在居住在里面的仅两户人家，两个老人。

耒阳市 寿洲村 "文忠第"

寿洲·文忠第

2015 年央视《千年古县·湖南耒阳》，介绍走进太平圩乡寿洲村。寿洲有 20 余栋保存较为完整的古民居建筑。寿洲分老湾和新湾两个部分，老湾最大，最具代表的建筑是门楣上书"文忠第"和"当代儒宗"的两栋大宅，"文忠第"秀婉，"当代儒宗"气派。"当代儒宗"两边的门联"四明令范，五俊名家"，颇为大气、淡雅。

老湾坐南朝北，占地约 20 亩，古建筑群总面积约 9000 平方米，以贺氏祖堂为中心，整体布局为三纵两横，建筑青灰色瓦顶，以前低后高连垛式院落布局，属典型的湘东南地方风格。其中最大、保存最完整的四合院落，当属"文忠第"。"文忠第"有三进，两边厢房，纵深长度、整体宽度均 36 米，屋尖是独特的三层叠式设计，向上昂扬，总面积达 1000 余平方米。这在古代，是少有的奢华大宅。有人说它既具有京城四合院的恢宏格局，又有江南庭院的园林风范。

"文忠第"门口的这两个并列的石柱被当地人认为是"拴马桩"，其实这是旗杆石，石柱上上方下圆的两个孔是用来插固定旗杆的木栓用的。在古代，有钱有势取得功名的人家都会在自家门口插一面旗杆石，以示家族地位。

这里居住的是贺氏一族。贺姓始于春秋齐公贵族，本来姓庆，到汉庆仪这一代，因避讳汉安帝父亲的名讳，改姓贺。据寿洲贺氏族谱记载，宋末时期，江西永新的贺柏曾与文天祥一起抗元，后来到广西任参镇，又因变故辞官与兄弟四人归隐耒阳，逐渐发展成耒阳贺氏一族。

《耒阳县志》载，耒阳贺氏第六世荣魁于明洪武元年（1368）迁入寿洲。"第"的意思是古代为王侯功臣或科举及第取得功名的官贵建造的大宅院。"文忠第"的存在，说明寿洲贺家祖上曾有人中过举、封过官。在现代，寿洲出了个名人——二十二世贺恕（1899—1947）。贺恕为中国共产党第一个出席国际会议的党员，革命烈士。1920 年就参加了毛泽东在长沙创建的"社会主义青年团"，并在 1921 年由毛泽东介绍加入了中国共产党。他也是毛泽东介绍入党的第一人。贺恕就读湖南省立三师时与同窗毛泽东建立深厚友谊，曾任中共湘西南特委书记、中共江西省委书记等职。1930 年被捕入狱，受尽酷刑折磨，1947 年病逝。在白色恐怖下，其四子一女惨遭杀害。1950 年毛主席曾接见过其遗孀朱舜华。

据说，1918 年夏，毛泽东来衡阳水口山，曾到过寿洲贺恕家做客，并留宿。1922 年 1 月，贺恕参加了共产国际在莫斯科召开的远东各国共产党及民族革命团体第一次代表大会，他是中国共产党见过列宁的少有的几个代表人物之一。

贺氏第六世荣魁于明洪武元年（1368）搬入寿洲，后有梦琪（十七世）、寿昌（十八世）曾被官府选为贡生、孝子，其母亦曾获清朝廷"旌表节孝"匾额。寿昌生有三子：长子传薪（献书），岁贡生；次子传萱（烦勋），优廪贡生，补用中书科中书，曾任城步县训导，郴州道正；三子传兰（献琛），清太学生，直隶洲分洲任职。后有金章（二十世），任县丞。自明洪武元年（1368）荣魁公迁入寿洲，寿昌公在清乾隆和嘉庆年间中兴寿洲，至今已有 650 余年。

耒阳市 日升村 凝秀坊

日升·凝秀坊

去耒阳新市日升村是冲着那里有一座漂亮的凝秀坊。牌坊位于新市镇日升村，日升当地俗称酸枣冲，因全村皆是刘姓，又称坳背刘家。进入村口，便可看见路边一栋特别典雅的古院落，别树一帜的名为"凝秀"的牌坊式大门，让人眼前一亮。在这偏僻的乡村居然保存如此大气、精美的牌坊门楼式古建筑实属罕见，无疑是湘南建筑文化的瑰宝。

站在门楼下细细端详，整个凝秀坊建筑坐西北朝东南，砖木结构，小青瓦，五山风火墙。主体建筑分前后两部分，前部为四合院形状，后部为二进厢房。凝秀坊主体由两柱一门组成，上部出三檐，精选花岗石、青砖和灰塑垒砌而成。上部三檐分别筑四层砖雕斗拱，中间檐下有浮雕竖匾，上面刻有灰塑"凝秀"二字，间隔夹着梅花、卷草等纹饰，并塑有"新生万物送春风""龙跳天门带雨飞"等吉祥语句。

这栋有西式建筑元素的院落处处散发出浓郁古风且显得格外与众不同，牌坊顶部正中立着一座"西洋钟"雕塑，时针永远停留在下午3点18分，其用意也只有刘家主人知晓。

进入凝秀坊门楼，迎面是一堵由6块格栅雕花板组成的隔扇门，下部是木板，上部为镂空成格栅状，雕有花鸟图饰。隔扇门立于主大门后，说是屏风，也似为照壁，更多的恐怕是彰显屋主人"纳气聚财"的用意。转过隔扇门是大厅，大厅分上厅、下厅和过厅。上厅有祖堂，供奉刘氏历代祖先牌位，上面还悬挂"鸿桉延禧"的寿匾，寿匾落款为"民国五年"。过厅两侧是天井，紧挨着的是厢房。

说起凝秀坊的来历，刘家后人讲起了一个传奇故事。最早一代刘氏开山祖，名叫刘焕公，焕公生有四个儿子，其中第三个儿子娶了家道殷厚的伍氏家族女儿伍元娘。伍元娘嫁过来没多久，丈夫就病亡，留下四个尚未成年的儿子。元娘年不到30开始守节。奇怪的是，某一年，元娘的肚子一天天大起来，村民看见了在背后议论，并偷偷让一位年长妇女陪伴她同吃同住。这样过了两个多月，发现元娘并不是怀孕，而是长出福肚。

其实伍元娘自丈夫去世，勤持家务，致使家业越来越大，购买了很多田产。据说远到新市、芭蕉、马水等地方，最多时建有十二个庄房。她的四个儿子中有两个考中清代庠生，三个孙子均任官职，其中：秀晴任按察司知事，秀琢任布政司都事，秀朗任州判。后来，元娘知道了有人探听她福肚这事，说自己守身如玉几十年，从未做过伤风败俗之事，于是立意建了这座凝秀门楼，门楼又有牌坊之意，恰到好处地与房屋"合二为一"。

当地民间还流传俗语：凝秀坊里出了"十八把半折子扇"，意思是：家里出了十八个读书做官人，还有半把折子扇指半工半读之人。可见"凝秀"二字含义深刻，伍元娘不仅以母性之韧凝聚血脉宗亲，而且培养家族优秀人才，集中于一庭。如今岁月走远，古人已去，部分房屋也已经坍塌，唯有"凝秀"牌坊向后人诉说着过往的点点滴滴。

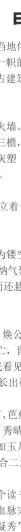

祁东县 沙井湾村 沙井老屋

风石堰·沙井老屋

祁东县风石堰镇沙井湾，可谓是风水宝地，东面是玉峰山，树木葱茏，群山如黛。西面是化龙町，万顷良田，一马平川。清道光年间，商人刘先灿从两公里外的石湾村迁到沙井湾选基建宅，后历经几代人多次扩建，于民国二年（1913）形成现在的规模。这栋刘姓家族庄院，当地人俗称沙井老屋。

走过黄家桥，便到了沙井老屋的前坪。夕阳下的刘氏庄院异常的耀眼，空中鸟瞰甚是壮观。沙井老屋大院为"三进九厅十八井"构架，由南、北、中三个院落组成，有大小房屋200间，是祁东县乃至衡阳市规模最大的古民居建筑群。

坐东北朝西南的老屋整体结构呈猪腰形，砖石土木结构，高二层，中院为"三进四厢"构架，北院为"东西屋夹五横屋"，南院为"一正屋四横屋一小院落"。老屋南北长约200米，东西纵深77米。原来用于防盗防匪修建的院墙，在整个建筑群中特别抢眼。墙体上设计了三堵高大的马头墙，封闭的院墙因为有了马头墙，更加地显得错落有致，且有了一种动感，这是建筑装饰的美学效果，不得不让后人佩服。

祁东县 沙井湾村 沙井老屋

　　中门是整个老屋的正门。正门不高，门框、门槛、门当等构件有些简陋，但两边的历史人物彩绘却非常的精致传神。原来屋主人请石匠打造了一副雕刻精美、高大厚实的石门，准备更换门庭。当地风水先生"刘半仙"极力反对，认为沙井湾是乌龟地，朝门只能内缩，不能过高，这样才能人财两旺。新石门至今仍废弃在老屋内。说来也奇，刘家自此人丁兴、财更旺。刘先灿只有一子两孙，后来却有了11个曾孙，刘家也成了富甲一方的大家族，拥有良田两千亩和众多林地，再后来老屋已容纳不下刘家的后代，他们便在老屋的南面建造了沙井新屋。

　　跨过正门进入第二道门，叫中门。这扇门平时不开，从两侧小门出入，只有红白喜事或达官贵人到来时才开。过了中门是天井。沙井老屋共有18个天井。天井用于室内采光、通风、排水，同时也赋予"聚财""天降洪福""肥水不外流""四水归堂"等用意。堂屋两边原来是穿堂，贯穿南北，由此可直通屋外。在整个老屋里，穿堂、游亭、巷道、走廊纵横交错，四通八达。它们将众多建筑分割成各自独立的整体，又是连接每个整体之间的纽带和桥梁，使庞大的院落交往自如。"晴不曝日，雨不湿鞋"，随便从哪一家都可以走通全院。

祁东县 沙井湾村 沙井老屋 石刻

祁东县 沙井湾村 沙井老屋 石刻

祁东县 沙井湾村 沙井老屋 石刻

祁东县 沙井湾村 沙井老屋 石刻

建于清宣统元年（1909）的沙井新屋"三进六横"，距老屋300米，且多已倒塌。石门框上有一副对联：沙水长清灵钟大地，岩山坐锁福集安居。两边的耳房门框分别有"左宜""右有"两块石雕，左宜两字上方有"宣统元年己酉十二月十三日子时竖造"字样。

值得一提的是沙井老屋南院的大门。大门上方还建有三层飞檐，饰有彩绘，甚是气派。门框、门槛、门当均为石头打造，石头上雕刻吉祥图案大门上首刻有"山回水抱"四字。南院相比北院，装饰更加精美。南院保存有很多石雕，有浮雕、圆雕，有天官赐福、龙凤呈祥、打龙棚、龙凤旗等内容。北面的幅刻，有梅花鹿、燕子，鹿与禄合在一起，意为平安求禄。南面的幅刻，有豹子、喜鹊，豹与报同音，意为喜报频传。

大湾·夏家官厅

　　见过许多官厅，就其规模与构建和它的保护程度，要数桂阳县大湾夏家官厅即"榜眼第"最好。虽然内部结构有的已经倒塌，但外形依然气势恢宏，让人啧啧称赞。

　　官厅是古代官员致仕后回乡建造的私家住宅。封建社会出于维护礼制的需要，对建筑形制有明确的规定，一般百姓建房只能是三间五架。但官员为彰显尊贵的身份地位，兴建官厅时在选材、构造、等级、规格上都可以高于普通民宅。最显著的标志是，可以在正堂立柱子，做成假三间形式，将房子开间由百姓的只能建三间扩大为五间。房子的开间越多，官员的品阶越高。官厅的另一个显著特征，就是斗拱的使用，普通民宅是不准使用斗拱的。斗拱抬升了建筑的高度，起到扩大空间的作用。斗拱不仅起力学的作用，更能产生一种神秘莫测的奇妙感觉。无论从艺术或技术的角度，斗拱都足以象征和代表中华古典建筑的精神和气质。

　　夏寿田清同治九年（1870）出生。他的老师是大名鼎鼎的王闿运，他的同学、好友中有日后同样大名鼎鼎的杨度。清光绪二十四年（1898），夏寿田乡试中举。次年得中戊戌科第八名进士，参加金殿御试，得一甲第二名，就是榜眼，也是我国历史上最后一科榜眼，被授予翰林院编修、学部图书馆总纂。故其老宅亦称"榜眼第"。

　　《夏氏宗谱》记载："夏氏自元末由江西泰和县鹅颈徙居于此，公始以布衣起，家世业农，赋重力勤，自足自给，以故家无巨富，而亦少惰……"礼耕义种的传世家风不断影响着夏氏后世子孙，至十八世梅心公，夏氏家族日益显赫于乡里。

　　夏寿田的祖父夏梅心，父亲是夏时，由于夏时勤谨效力，政绩突出，自清同治四年（1865）到光绪二年（1876），朝廷恩封的诰命就有12个，受封的人有祖父母、叔婶、兄嫂、恩师。夏时去世后，诰授光禄大夫、建威将军，正一品，并赐御笔"武德骑尉"牌匾。至今大湾保存的清乾隆至道光年间的建筑有8栋。夏时、夏寿田两父子建的"忠臣第""榜眼第"，虽经历岁月洗礼，但保存较为完好，依然焕发风采。榜眼第歇山顶马头墙，青砖黛瓦木雕门楼，其门、窗、石基，每个部件都饰以不同的图案镂雕，体现了房屋主人高雅的审美情趣。

　　最具有代表性的建筑之一，是始建于清乾隆年间的夏氏宗祠，其古戏台的石柱上盘龙缠绕而上的石雕，飞檐、封檐板上形象精美生动的木刻，飞檐瓦棱前端的白膏泥塑龙头，实乃精致一绝。"锡祚自玄珪，门列双旌，更有五云扶栋宇；发祥依白阜，枝分百世，定荣丹桂报馨香。"这是清末大学者王闿运给大湾夏氏公祠题写的一副对联。

桂阳县 大湾村 夏家官厅

东安县 福星村 席氏庄院

伍家桥·席氏庄院

东安县伍家桥福星村，坐落着七个大院别墅建筑群，当地人称"席氏庄院"，系晚清湘军悍将席宝田及族中仕人于清同治年间所建。虽已落败，却仍让世人惊叹。

席姓历史悠久，在宋版《百家姓》中排名第133位。民国三十六年（1937）《东安席氏四修谱》载：唐僖宗乾符间崇德公由抚州来高安，明嘉靖中叶自江西瑞州高安徙迁湖南东安。

席氏庄院坐北朝南，背靠旋帽岭，面对万顷稻田，应水河从田园中蜿蜒而过。建筑群从东向西依次排列，由石生槽门、资生槽门、龙眼槽门、仲箴槽门、井眼槽门、六合槽门、霞轩槽门七个槽门组成。槽门为当地俗称，即大院大门。建筑全为晚清风格，每个大院的主人都是一名席姓族人、清廷命官。各大院相对独立且又彼此相邻，东西长达1000米。所有的院墙均为条石奠基、青砖砌就，高4至6米。门楼前均有石灰岩条石与方形石板铺就的椭圆或方形坪台，供落轿下马之用。每个大院的坪台前均建有方形或半月形池塘，叫"水映槽门"。院内都有多个天井，两厢为多正多横的房屋和做工精湛的木窗花雕。

解放初期，席氏庄院的七个大院均分给了176户人家居住，如今七个大院大部分已成废墟，所剩的几乎只是一具空壳。除高耸的外墙还断断续续残存着，院内房屋多数已倒塌或被水泥建筑所取代，室内各种精美木雕石雕早已荡然无存。

东安县 福星村 席氏庄院 资生槽门

席宝田（1829—1889），大清国正一品提督，湘军"精毅营"主帅，曾被清廷诰授光禄大夫、头品顶戴，赏戴花翎，赏穿黄马褂，世袭骑都尉兼一云骑尉，追赠太子少保、紫光阁画像，誉为"中兴功臣"。席宝田族人被提升五品以上的文武官员达数十人。他们功成名就，遂成巨富后回老家置田产，办书院，建豪宅。

资生槽门大院为席宝田第二庄院。第一庄院在邻近的邵阳县横塘市镇，其规模更大。资生槽门大院此庄院占地50余亩，东西长230米，席宝田去世后归其次子所有，现成了敬老院，只留前面大门及墙体，其余无法被毁。东南面是石生槽门，为席宝田次子住宅兼席家的账房，占地10余亩，与席宝田庄院成倒"八"字形相望，东面有小溪流入庄院门前的月形大池塘。由于破坏严重，现仅存大门与残缺不全的一段外墙，内部的房屋大多已经倒塌、荒芜，过去的绣花楼、花园空地上被水泥建筑取代；有西式建筑元素的石砌拱门、镂空窗雕不复存在。

东安县 福星村 席氏庄院 龙眼槽门

　　龙眼槽门占地6亩，为席氏族人修建。院墙为条石奠基，砖木结构，青砖黛瓦，白墙飞檐。石台阶大门后有多个天井，院内正厅、厢房，有精美的格窗雕花。如今仅后院房屋，大多已经破损，屋内有一对老人居住。霞轩槽门主人席霞轩，门前有半月形池塘，院内分三个大部组成，四重天井，回廊、圆形拱门相连，有凉亭、楼阁及龙凤镂雕。正大门石柱上有镂刻一对联：文章千古事；孝友一家春。

　　有建筑专家来此考察说：席氏庄院体现了中国传统民间四合大院与朝廷官邸元素的有机相结合，颇有一种和谐与大气之美。叹惜的是，曾经繁华、辉煌的这些古建筑，已经满目疮痍，颓垣残壁，岁月如歌，繁华落尽。

　　上海一位著名湘藉画家来到此地，赞叹这是一幅破败、凋落了的国画：深度剥落的高墙，破碎了的青石板路，孤苦伶仃的昔日老宅……

　　风已过，城已老。有一天这些古老村落、古老院子消失了，但愿她的故事还留存着！

衡南县 金盆村 欧阳宗祠 汉白玉大门

衡南县 金盆村 荒芜的欧阳宗祠

金盆·欧阳宗祠

2014年3月春季，独自一人在衡南县的乡下寻觅老屋，油菜花开得很是好看，偶尔可以看到村庄的田野间残存的几栋老宅子或古亭子，那是20世纪50年代前留下来的所剩无几的旧时光。

一天中午，在松江镇一家路边餐馆吃饭，店主见我背着相机的一身打扮，与我聊了起来，店主说不远处的湘江边金盆村，有个很古的门楼，要我去看看是不是古董。当走近一看，只见三个汉白玉石门孤零零伫立在草丛中，还有一块"欧阳宗祠"石匾躺在地上。我不由得叫出声来："这不是湖南乡村的圆明园吗"！

原来，这是一座清道光年间修建的欧阳宗祠，1958年被拆除，砖瓦木材料用于修建了公社的食堂和学校，仅存三个汉白玉石门。汉白玉这种材质过去只有皇宫、庙宇能用，怎么在这个乡村有用汉白玉作大门的？村里老人们说，他们祖上是江西过来的，属"宋代八大家"欧阳修一脉，来湖南后又有人在朝廷做了大官。

让人赞叹的不仅是因为汉白玉材质，主要是大门上的石刻，堪称一绝。东门门楣石雕"二龙戏珠"，门联刻："胜踞潇湘流长源远；祥开松柏蒂固根深。"西门门楣石雕"双凤朝阳"，门联刻："湘水钟灵长孙世泽；欧山毓秀蔚起人丈。"中门门楣明显大气，石雕"九狮抱母"，门联刻：松柏肇根基万叶千枝归一本；唐宋萃人物九成八大衍世家。驻足门前，心想真不愧是欧阳修大家之后。

据说当年拆除祠堂时，三个大门无法推倒，否则早就不存在了，只好连同祠堂周围的几栋老宅一并拆除。村主任说，他们正在筹措资金，准备来年在现在的基础上将祠堂恢复原貌。我建议这三个汉白玉大门和旧门匾无论如何不要动，他们说不会动。

2019年6月我再次来到这里，果然新祠堂已经修好，三个汉白玉大门镶嵌在其间，那睡卧在草丛中的欧阳宗祠石匾也已放到了原位，自然让人欣慰。

湘阴县 柳家冲 左宗棠故居

湘阴县 柳家冲 左宗棠故居

巡山·柳庄

2018年12月31日，踏着厚厚的积雪来到了湘阴县柳家冲柳庄左宗棠故居。

左宗棠（1812—1885）故居有三处：湘阴县界头铺新光村左家段，即左宗棠的出生地；湘潭县排头乡紫山居村桂在堂，左宗棠与湘潭望族周系舆的女儿结婚，入赘周家；湘阴县樟树镇巡山村柳家冲的柳庄。

清道光二十四年（1844），左宗棠从湘潭举家迁回原籍——湘阴柳家冲。柳庄是左宗棠用四处教书所得白银购置了70亩水田，80亩山地，并修建了一座青砖白粉墙庭院式结构住宅，自己还在住宅上方自书"柳庄"二字。当时左宗棠自号"湘上农人"。在这里左宗棠躬耕垅田8年之久。加上出仕以后回湘探亲、祭祖，先后在柳庄居住了18年。

左宗棠在柳庄潜居研习，比较系统研究了天下山川地理和兵家理论，为他后来入僚，规复新疆，历数省总督打下了基础，积蓄了力量。

作为湘军著名将领、清洋务派代表人物的左宗棠，与曾国藩、李鸿章、张之洞并称"晚清中兴四大名臣"，人们之所以尤为敬仰左宗棠，是因为他抬着棺材征战并收复了新疆，可以说没有左宗棠，占国土六分之一面积的新疆可能不会出现在今天祖国的版图之内。史学家们说，纵观中国历史，没有一人对中国的领土有左宗棠这样大的贡献。

曾有人在朝廷谏言："国家不可一日无湖南，湖南不可一日无左宗棠"，可见当时左宗棠的重要地位。

左宗棠和曾国藩都是湖湘文化源头的代表人物，他们都留下了不可磨灭的历史功绩和文化遗产。与曾国藩不同，左宗棠读的书很多是地理、军事、农耕方面的，他的著作也多是实用类型的，不像曾国藩有很多"道德文章"留世。难怪曾国藩有语："论兵战，吾不如左宗棠；为国尽忠，亦以季高为冠。国幸有左宗棠也。"

清光绪十一年（1885）左宗棠病逝于福州，李鸿章闻讯送上挽联："周旋三十年，和而不同，而不争，唯先生知我；焜耀九重诏，文以治内，武以治外，为天下惜公。"梁启超说他是"五百年以来的第一伟人"。

衡阳县 菜塘湾 王夫之故居

衡阳县 莱塘湾 王夫之墓地

曲兰·湘西草堂

怀着十分崇敬与探求湖湘文化源头人物的心境来到衡阳县曲兰乡湘西草堂——王夫之故居。上得七级石阶，抬眼望去，两株参天古木，说为王夫之先生亲手所栽。最初草堂为三间茅舍，后经历代整修，成了现在的砖木房屋，基本保持原址原样。大概是日夜不息的湘江从草屋之西流过，王夫之随将草屋命名为"湘西草堂"。

草堂不大，形状就是一栋湘东地区极其普通的民宅。湘西草堂始建于清康熙十四年（1675），"湘西草堂"门题为赵朴初书，中间正门两侧以及门前廊柱上分别挂有对联："芷香沅水三闾国，芜绿湘西一草堂""清风有意难留我，明月无心自照人。"

王夫之（1619—1692），明代举人，著名思想家、哲学家、史学家、文学家、美学家，湖湘文化的精神源头。自幼跟随父兄读书的王夫之，一生怀揣着事业与理想，矢志不渝，晚年居南岳衡山下的石船山，著书立说，故世称其为"船山先生"。这位素有东方黑格尔之称的世界级大思想家，一生著作颇多，有《船山遗书》320余卷，其中以《读通鉴论》《宋论》为代表之作。他对天文、地理、历法、数学也均有研究，尤精于哲学、经济、史学，善诗文，工词曲。许多年以后，东西方学者不约而同地称王夫之为十七八世纪与黑格尔齐名的伟大思想家。黑格尔曾写下了一句至今令世人深思的话："一个民族有一群仰望星空的人，他们才有希望。"由此而被人们称为"近现代精神领袖"。

走进草堂，中为堂屋，左为住房，右为书房。正堂题字及对联极其的醒目，堂屋正中悬王夫之画像及船山自撰的"六经责我开生面，七尺从天乞活埋"对联。画像上悬挂清道光年间两江总督陶澎题写的"岳衡仰止"匾额。两侧是不同时期知名人士用各种字体撰写的牌匾。王夫之先生后半生在此潜修17年，遗著800余万字。由此可见，湖湘文化深受王夫之儒家学说、哲学思想的浸润与影响。

作为中国历史上难得的大百科书式的人物。王夫之开明末清初之风气，主张经世致用。他的思想对湖湘后代的国之栋梁曾国藩、左宗棠、谭嗣同、毛泽东、刘少奇等都有着重要的影响。距离湘西草堂三公里处，有座如船状的山，当地人叫"石船山"，王夫之就葬在山腰间，坟茔正中两边石柱上刻有两副对联，"世臣乔木千年屋，南国儒林第一人"，为清湖湘著名学者王闿运题。

满目秋色正浓，我顺手拣了几片通红的枫树叶，放在墓碑前，就当是向这位先哲致敬与敬仰！

安仁县 双泉村 提篮桥

双泉·文献世家

有一种美丽是多少年后的记忆，这种美丽就是故乡。

这是我的家乡，湘南山区安仁县龙市乡一个叫谭家湾的地方。原先我们那里不叫村，叫"湾"叫"堂"或叫"坪"叫"冲"。一问，你是哪个湾里的？那一块有五个谭氏自然村：田心湾、竹园芳、石禾堂、留仁坪、老湾，相距都不足一公里。"老湾"最老，又叫"下谭家"，现在叫双泉村。我家在石禾堂。

族谱记载，谭姓其远祖可奕公因江南人事多乖，天道不顺，雪深七尺，黎庶僵仆，有乱邦不居之意，于唐咸通十四年（873），遂携子守禄由江西吉州泰和县高行乡迁入湖南茶陵县十五都邓塘，谭可奕应该是茶陵谭氏始祖。谭可奕于唐授宣议郎。宣议郎是中国古代唐、宋朝的一个官职名称，为七品。其孙赠光禄大夫（唐光禄大夫为从二品）。谭姓入湘，氏族兴旺，曾有"湘省谭氏之盛，居全国之冠"之说，而茶陵谭氏尤称巨族。谭家湾谭姓亦属茶陵谭姓一脉。

小时候就听父辈们讲，"老湾"出了很多官，最有名的是"解元"。"解元"名叫谭莹，字铭山，因其留有很长的胡须，乡里俗称"铭山胡子"。在我们乡里，"铭山胡子"可是个了不起的人物，他做了两件事多年来一直在乡里传颂。

一是为乡里减免了部分田地赋税。民国初年（1912），因田地赋税过重，民多怨恨，又无可奈何，谭莹便亲赴省城长沙求见谭延闿，为民请命。由于他服饰简朴，像个地地道道的"乡巴佬"，门卫自然不为通报。后他托一外出买菜厨师递进亲笔手书。

谭延闿时任湖南督军、省长，下令打开中门，亲自跪接，且减免了部分田地赋税，乡亲们很是感激。原来，谭莹是谭延闿的私塾先生和启蒙老师。我们那里与攸县、茶陵三县交界，谭延闿是茶陵人，"老湾"有座谭家书院，谭延闿曾在此读过书。说起谭莹并没有人知道，谭延闿却是大名鼎鼎，曾任两广督军，三次出任湖南督军、省长兼湘军总司令，授上将军衔、陆军大元帅，曾任南京国民政府主席和行政院长。

二是参加"公车上书"。谭莹在清光绪二年（1876）求学于岳麓书院，光绪五年（1879）中湖南乡试"解元"，即省考第一名举人，先后出任长沙、武陵教谕和广东遂溪知县等职。谭莹亦属清末维新人士，早在谭延闿家教读时，曾结识主张变法的谭嗣同、康有为、梁启超等维新人士。1895年谭莹拥护光绪帝变法图强，反对慈禧太后专权误国，在京应试时参加"公车上书"。"戊戌变法"失败，康梁亡命天涯，望门止宿，梁启超曾到谭氏书院找过谭莹。后谭莹弃官从教，隐居乡里，成为一名教书先生，直至终老。谭莹生于清道光二十二年（1842），民国十五年（1926）病殁于家，葬于屋后象形山。

安仁县 双泉村 "文献世家" 牌楼

　　"老湾"背靠一座山，山为南北向，南边是虎形山，其腰身似虎；北面是象形山，其头像象鼻子。我祖母1958年去世后也下葬于此，墓地紧靠谭莹墓地的右侧。记得下葬时因地形所限，遂将谭莹墓地的地围子一角砸了以后，才把棺椁安放进去。

　　细雨霏霏，登上象形山，极目远眺，风景特别的好，只见林中古树参天，郁郁葱葱。过去站在墓碑前，能遥望二十里外三角形金字塔式的一座山峰，那是茶陵的牙前，现在全被树枝遮挡了视野。"解元"的墓地面积约二十几平方米，外围是三合土筑的围墙，墓地长满了树木与杂草，且足足有一人多高。在给祖母叩首之后，我扒开深深的藤蔓钻到谭莹的墓碑前，看见长满青苔的墓碑上有"显考清解元授朝议大夫谭莹府"字样。

　　"老湾"是一个古老的村落，属安仁县唯一的历史文化名村。村前有条江，村口有池塘和一株600年重阳古树，树边有两口清澈见底、终年不断的古井，一个叫"月亮"，一个叫"下潭"，合称"双泉"，这是双泉村的由来。

　　"老湾"过去有成片的老屋，这些老屋马头翘角，鳞次栉比，多建于清道光年间，坐西朝东，品字形山墙建筑，火砖齐顶，顶筑双层廊檐。"解元"故居前后两栋相接，前栋2层，后栋3层，上、中、下三个宽敞的厅屋，各房间由雕梁画栋的屏风相隔而成。屋场前面有上、中、下三个大禾坪。以前，一楼大厅高悬朝廷诰封的"朝议大夫"金匾，上有圆眼和方眼，这是科举时代"中举"的标志。文举依石立杆点灯，武举依石拴马，立这么多的石柱子，说明这里确实出了不少人才。后来，这些石柱都被拆走用于筑河堤。

　　谭莹一族五代为官，其曾祖父、祖父、父亲均诰赠"朝议大夫"，妣赠恭人、诰命一轴。到了他这代更加显赫。"解元"故居，又叫"圆大门"，前面是一个高大的牌坊式门楼，牌坊高二丈有余，厚约二尺，琉璃瓦盖顶，左右两边一对大鳌鱼呼应，门额上书"文献世家"四个大字。大门两旁原刻着"德门萃福，仁宇恒春"对联，四字立柱上分别书有："大气挟扶舆岳秀河灵钟地脉，元钧旋斗柄协风时雨召天和。""双水映门，藻绿苹青只荐先人庶止，泉源盈沼，豆粥麦饭聊表后嗣欢迎。""中庸十六章为德盛矣，元酒二三献既又享之。"这些对联都是谭莹所作，既是地理环境自然风貌的写照，又告诫子孙们奋发图强。谭莹一生力攻经史及天人性理之学，可谓是集儒、佛、道哲学大成之理学，已达炉火纯青境地，他一生藏书甚多，著述不少，可惜都已失散，乡里仅流传其家门口的几副对联。

　　双泉还有三景：谭行之公祠、谭家书院和提篮桥。谭行之公祠位于村西头的黄龙江边，建于清道光十年（1830），上有弧形马头翘角，下有石柱阶梯，前后两进。前几年后进已经坍塌。谭家书院位于河的东岸边，我小时候也在那里发蒙读书，现在仅剩下一个破损的大门，"谭家书院"为谭莹手迹。其他的多以现代水泥房子所取代。提篮桥就在祠堂边上，一座单孔横跨黄龙江的石拱桥，将"老湾"与谭家书院连接在一起。据说这桥历史很久，为宋代修建。

　　记得小时候夏天在河里游泳玩耍，时不时地会与其他顽童从四五米高的桥上跳下来，好久好久才冒出水面。每每想起孩提时在乡里的情景，依然记忆犹新。老屋里"躲迷藏"，爬在墙头看"灯"看"戏"，攀到树上掏鸟窝鸟蛋的许多往事，虽然已过数十年，仍历历在目，难以忘怀。

耒阳市 东坪村 周家老屋

编后语

用一生去专注一件事难以做到，但用 10 年或 15 年去专注一件事是可能的。湖南古村落《湘魂的摇篮　湘东古村》和《湘魂的摇篮　湘西古寨》两本大型摄影纪实画册，算是我这十几年间专注的一件事。

第一张拍摄湖南古村落的照片是 2006 年 3 月，用全部的精力去拍摄是 2011 年退休后，几乎是不计得失与成本、不畏艰辛与困苦进行拍摄，有的村落去了四五次之多，大多时间都是泡在乡下，跋山涉水，严寒酷暑，风霜雨雪，乐此不疲。

拍着拍着，古村越来越少，老屋和老人渐渐地远去，自己也拍老了，许多场景已经不复存在，于是试着编几本册子。

15 年坚守，80 多个县，800 多个古村落，几百张光盘，数万张照片，是湖南古村的流光记忆。两本书共选了 156 个古村寨，其中湘东 81 个，湘西 75 个，800 多幅图片，24 万文字，记录湖南古村落的山水环境，村落布局，建筑特质，历史遗存，以及风土风情，生存状态，生命场景，等等，想以此展现湖南古村的历史文化尤其是湖湘文化之精神源头，故取名"湘魂的摇篮"。

2019 年湖南省文化厅举办"湘魂的摇篮·湖南 100 个古村摄影书画展"，得到社会强烈反响，业内人士称我是"湖南古村摄影第一人"。著名画家刘正黔先生为我画了幅生动漫画，取名为《我本色（摄）狂》，但凡看过之后都连连叫绝。长沙大胡子作家彭国梁先生也以《摄影狂人谭建华》为题撰文发表，我不能说是当之无愧，但可以说是实实在在执着地做了点事。

编书更非易事，要从那么多古村照片中选出符合主题的片子，无疑又是一次耗脑工程。选什么样的照片？照片与照片之间如何有序排列？写什么样的文字？照片与文字之间如何组织搭配？是我进入撰写状态最用心也最为难以取与舍。

记不清是哪位著名摄影家或策展人说过，摄影师要拿出三分之一的时间来整理照片。还有两个三分之一：拍摄与学习。在这个时候我才真正认识到整理和学习是如此重要。其实整理也是一个思考、学习与提升的过程，摄影师只有不断地学习、吸收、提升修为，让自己的素养达升一定的境地，才有可能把看似平常且普普通通的一张张照片有机有序地编纂成一本较高质量的册子。如同洒落一地的珍珠，只有把它精巧地串起来才能成为一条光彩夺人的项链。

照片是作品，书亦是作品。尽管我把编纂的这书视为自己的作品，因水平所限展现在您面前的或许并不让您满意甚至有些遗憾，它或许不是专业摄影人所期望的那种有强烈视觉感的摄影作品，或许也不是文化人所盼求的有着丰富文学语言的文学作品，更不是史学家们想看到的古村翔实资料的考究与佐证。这里纯粹是一个摄影爱好者用普通人的视角对消失与正在消失的村寨的一种实录，并赋予图片少许浅显文字说明与拍摄时的情怀而已。

许多摄影朋友建议将照片后期加工，然我只是将拍摄的 R 格式原图转化为 T 格式，对明暗做了些调整或转成黑白片，其他并未进行处理，目的是想保持一份原始与真实，以至于有的图片连电线杆甚至垃圾都仍留着，无疑对画面有种不净的种种遗憾。

书中的文字占有较大的篇幅，不仅仅是每一张图片有故事有历史印痕，而且图片及其背后蕴含着诸多信息，而这些信息又在图片以外且又与之相关联，故不得不用文字去诠释，如古村落的沿革变迁、山水环境、历史文化、建筑装饰，以及族群传承，等等。这些文字大多源于我拍摄日记中的实际调查与现场感悟，有的资料源于村落史料（主要是族谱）与网络的相关信息。这些无疑充实并丰富了本书的史料性、趣味性，甚至提升了它的史料价值。需要说明的是因文字汇集的多有不便，所引摘的文字书中并未一一注明，敬请谅解。

本书出品：柏青堂。在此要特别说明。柏青堂是一个探寻湖南古村历史文化的摄影书画群，聚集的是一群老有所乐、老有所为、酷爱艺术、热心古村的书画摄影雅识之士，他们为保护湖南古村落、探寻湖湘文化以及湘魂的源头，倾其生命余热。

特别致谢：黄向军、张继红、王艳玲、周柯章、黄丽纯、李叔珍、吴希平、何海燕、刘正黔、吴纯、龚振良、叶瑞溪、冯铎、顾湘东、何家玉、慎甫祥、汪淮海、黄迪文、冯丽、潘志佳、唐建亚、杨苗、戴红霞、匡红霞、张敦志、张寒烟、陈杰、罗文基、鲜于圣哲，以及湖南地图出版社编校人员……他们或在拍摄时伴我走村串寨，甚至风餐露宿；或在拍摄、编纂、设计、文字校正、出版发行等方面给予鼎力支持与帮助，包括经费方面的支助。还有我的家人，还有那些不知姓名、老实善良的乡里村民：有的雪中为我带路，有的雨中为我撑伞，有的黑夜为我打电筒，饿了给我煮几个鸡蛋、烤几个糍粑、蒸几个我最爱吃的红薯……

温暖中总让我生出几分感动，谢谢你们！

谭建华
2022 年 3 月于长沙